Hernán Vidal
University of Minnesota

TRES ARGUMENTACIONES POSTMODERNISTAS EN CHILE

Revista de Crítica Cultural
José Joaquín Brunner
Marco Antonio de la Parra

Tres argumentaciones postmodernistas en Chile
© Hernán Vidal
© Mosquito Editores / biblioteca setenta & 3
Para la presente edición

Primera edición: Noviembre de 1998
Reg. Propiedad Intelectual Nº: 107.613
I.S.B.N.: 956-265-090-1

Impreso en los Talleres Gráficos de
MOSQUITO COMUNICACIONES
IMPRESO EN CHILE / PRINTED IN CHILE

INDICE

INTRODUCCION

En realidad no hago esta exposición como un aporte al entendimiento del concepto de postmodernidad, sino como un intento de comprender la motivación que ha llevado a un grupo de intelectuales a apropiarse del término e introducirlo a la discusión de la cultura chilena como foco de agitación política y artística.

Quizás esta acotación pueda interpretarse como una paradojal desautorización del título de este trabajo que yo mismo propongo. No obstante, la razón para ello está en mi intranquilidad ante la forma en que la crítica latinoamericanista de los discursos culturales ha venido debatiendo la temática de la postmodernidad: no queda claro si los comentaristas la conciben como un fenómeno que realmente existe por sí mismo; si conscientemente usan un rótulo para referirse a un fenómeno social aunque tal vez otro término habría sido posible o necesario; o si realmente están promoviendo una práctica política y cultural "postmoderna" como alternativa de las existentes. Es por esto que, a grandes rasgos, los términos de este debate recuerdan las disputas filosóficas medievales entre realistas y nominalistas. Los primeros postulaban la existencia "real" de universales entendidos como nociones genéricas, ideales, entidades abstractas opuestas a entidades particulares, concretas, materiales. Atendiendo a las estrategias usadas en la discusión a que me refiero, sin duda ha predominado el realismo: se ha aceptado la existencia ineludible de un ente universal llamado sensibilidad postmoderna; se ha buscado definir su ontología en el contexto de la dependencia latinoamericana; se ha intentado débilmente hacer una tipología de sus manifestaciones lingüísticas en ese contexto; se ha tratado de llegar a un juicio sobre el potencial progresivo o regresivo de esas manifestaciones en las luchas sociales contra un capitalismo transnacional generador de altos niveles de represión social y política.

Creo que, en términos concretos, este realismo es, en "efecto", una postura idealista. Sin embargo, considerando la participación de críticos de filiación materialista histórica, me apresuro a decir que sería aventurado imputar una motivación idealista generalizada en la discusión de la postmodernidad. Más bien estimo que ese idealismo es resultado indirecto de dos circunstancias: la tardanza con que se recogió la temática en la crítica latinoamericanista de los discursos culturales y las prácticas características de la profesión en el momento actual.

En cuanto a la primera circunstancia, es preciso tener en cuenta que, en el momento en que se arraiga en la crítica latinoamericanista, hacia la segunda mitad de los años '80, la problemática de la postmodernidad ya había quedado perfilada y prestigiada en Europa y Estados Unidos a través de la obra de personas como Barthes, Derrida, Foucault, Deleuze, Guattari, Lyotard, Braudillard, Paul DeMan y Fredric Jameson. Por lo tanto, los latinoamericanistas recibieron esa bibliografía como foco de referencia ya constituido y articulado y la usaron como una especie de sentido común preestablecido. Esto les ha permitido una discusión crítica ahorrando la reconstrucción total de la problemática. Más bien hacen rápidas señalizaciones a "lo ya sabido por todos". De allí que la lectura de esas disquicisiones proyecte el "efecto" realista de universales preexistentes.

En cuanto a la segunda circunstancia, recordemos que la crítica de los discursos culturales es una profesión orientada al análisis e interpretación de textos a la luz de macroteorías. En la tradición de esta disciplina, la capacidad hermenéutica de estas macroteorías no necesita ser compulsada en estrecha cercanía con el dato empírico e institucional específico con que ocurren los cambios sociales. Aun en casos en que se intenta una historificación de tales discursos interpretativos, ella se caracteriza por grandes vuelos de abstracción que sólo de manera superficial sitúan ciertos textos dentro del marco de sucesos señeros en la evolución contemporánea de Latinoamérica en general. Se alude a ellos con rápidas "pinceladas" impresionistas, sin concentrarse en profundidad en la experiencia de ninguna agencia social específica. Esta tendencia a la gran abstracción crítica está condicionada, a la vez, por la necesidad de profesionales cuya carrera debe avanzar y renovarse rápidamente en un mercado editorial que, con gran celeridad cíclica, simultáneamente propone novedades temáticas y genera nuevos debates ideológicos.

No desconozco los aportes teóricos de esa discusión en cuanto a los efectos culturales de la transferencia transnacional de sistemas simbólicos en situaciones de dependencia y su reciclamiento para la oposición y la resistencia a las consecuencias humanas de un neoliberalismo "salvaje". Sin embargo, se me hace difícil aceptar de buenas a primeras expresiones que alegorizan la postmodernidad como agencia real que "llega", "se queda", "hace visitas temporales", "propone", hace "contribuciones" y "formulaciones", "celebra", "reclama", tiene "virtudes y pecados", "hostilidades hacia" y "arrobamientos"[1]. Prefiero pensar que la realidad social no está dinamizada por entes ideales, sino por seres de carne y hueso que han elegido encarnarlos con su praxis. Por lo tanto, me declaro en favor de un nominalismo consciente de que los universales son más bien rótulos arbitrariamente creados como principios de clasificación, principios determinados por el uso y los intereses del sujeto que clasifica. Esto me sirve para declarar que, en el momento de invertir energías en la investigación de la cultura, estimo de mayor interés postergar el paso inmediato a la discusión de lo teórico para, en primer lugar, dar prioridad al entendimiento de instancias concretas: es decir, los modos con que ciertos intelectuales han decidido utilizar el concepto de postmodernidad como respuesta a incitaciones originadas en un contexto social e histórico específico. Fuera de que realmente historifica los términos de la discusión, esta estrategia tiene la conveniencia de realzar la relación contemporánea entre la expresión simbólica y la política de los llamados "nuevos movimientos sociales". Esta relación ya ha sido señalada globalmente por la crítica latinoamericanista de los discursos culturales, aunque sus implicaciones no han sido exploradas en profundidad a través de microexperiencias específicas. Creo que, en el terreno práctico, el núcleo central de la problemática postmodernista en Latinoamérica no está en un juego de captación de taxonomías de la postmodernidad, sino en los intentos por redefinir los nexos entre discursividad cultural y política en una época de cambios sociales que intentan superar sucesos catastróficos anteriores.

En este espíritu he decidido estudiar tres de las principales argumentaciones sobre la postmodernidad en Chile —las de José Joaquín Brunner y Marco Antonio de la Parra, precedidas por un estudio de la *Revista de Crítica Cultural* (RCC) dirigida por Nelly Richard. En atención a un estricto orden histórico de secuencia la exposición debió haber comenzado con José Joaquín Brunner. Sin embargo, creí conveniente comenzar con la *RCC* por dos razones estratégicas: la *RCC* reúne un conjunto de voces que presenta un panorama más amplio del potencial discursivo generado por el tema de la postmodernidad; además del valor en sí que tiene conocer esta amplitud, ella proporciona criterios mucho más sólidos para evaluar y aquilatar la obra de Brunner y de Marco Antonio de la Parra.

REVISTA DE CRITICA CULTURAL

Propongo aquí el estudio de una institución, la *Revista de Crítica Cultural* (RCC) (Santiago de Chile), publicación trimestral iniciada en mayo de 1990 con la Dirección de Nelly Richard y el Consejo Editorial de Juan Dávila, Eugenio Dittborn, Diamela Eltit, Carlos Pérez y Adriana Valdés. Aunque la Dirección de la revista se domicilia en Santiago de Chile, su editor declarado —Juan Dávila— reside en Malvern Vic, Australia. La revista es distribuida en Australia, Canadá, Estados Unidos e Inglaterra por Manic Ex-Poseur Pty Ltda. (World Trade Center, Melbourne Vic, Australia).

La *Revista de Crítica Cultural* congrega a personalidades de variada trayectoria en el ambiente neovanguardista que surgiera en las artes plásticas, la literatura y la crítica literaria y cultural chilena durante la dictadura del neoliberalismo militarizado entre 1973-1990. Es importante señalar que se trata de una publicación del tipo *little magazine*. Es decir, a pesar de que su material no es necesariamente de lectura fácil, se desea ubicarlo en una posición intermedia entre la densidad conceptual característica de las publicaciones académicas y la disolución de abstracciones propia de las revistas de divulgación masiva. Puesto que la neovanguardia postmodernista en Chile es numéricamente muy pequeña y, por tanto, no puede generar constantemente un gran volumen de material, la revista también recluta trabajos de intelectuales y académicos nacionales y extranjeros (de Francia, Argentina, Brasil, Uruguay, Cuba, Estados Unidos e Inglaterra); se reproducen artículos de revistas extranjeras afines; se publican entrevistas a intelectuales notables, chilenos o extranjeros, bien sea gestadas por la revista o reproducidas de revistas extranjeras afines; se publican extractos de participaciones del personal interno e invitados en simposios organizados por la revista o en los que ha tenido una presencia importante. Con esta constelación se crea un caleidoscopio de convergencias argumentales que sugieren, a la vez que evitan, totalizaciones rigurosas. Así se proyecta el perfil ideológico característico de la postmodernidad en una extensa agenda: el desahucio de los grandes discursos de redención humana difundidos local, nacional y transnacionalmente; el repudio de las agencias sociales organizadas burocráticamente en torno a ellos; la denuncia de sus efectos culturalmente homogenizadores; la voluntad de desconstruir los códigos subliminales con que se implementa la dominación social en la cotidianeidad; la exposición y divulgación de la lógica discursiva de heterogeneidades ideológicas, étnicas y sexuales; explorar la constitución de nuevas identidades culturales a partir de esa heterogeneidad, haciendo uso de toda combinatoria simbólica posible, procedente tanto de las subculturas nacionales como de la industria cultural masiva transnacional; la promoción de un estilo de actividad política afín a la heterogeneidad cultural, estilo basado en nuevos movimientos sociales de aspiraciones no hegemonizantes.

Como consecuencia de todo esto se valora un discurso cultural crítico emitido desde lugares mentales descritos como los "márgenes", los "bordes", los "límites", la "periferia", los "intersticios", los "entremedios". Este haz temático es el que define la identidad de "neovanguardia" para este grupo. Con esta denominación buscan diferenciarse conscientemente de las anteriores "vanguardias" estéticas, que fueron asociadas con una voluntad de cambio global y programático de la sociedad, en estrecha cercanía con partidos políticos administradores de macroteorías sociales de derecha o izquierda. No obstante, en su agresivo cuestionamiento del sentido de la civilización y de la historia en momentos catastróficos, su desmantelamiento de los códigos simbólicos con que se la reproduce y su gestualidad teatral de casta intelectual aislada, "maldita", radicalmente innovadora, esta neovanguardia no se diferencia de las anteriormente llamadas vanguardias modernistas. En este caso específico, la agresividad intelectual neovanguardista se origina en la necesidad de irrumpir más decisivamente en el medio cultural chileno pues, a su juicio, durante la dictadura, su presencia quedó soterrada por el arte generado de acuerdo con la política partidista. La constelación e institucionalización de este material en una revista especializada abre paso a una plétora de paradojas, muchas de ellas ya señaladas por diversos comentaristas de la postmodernidad: aunque se desahucien las grandes totalizaciones epistemológicas y las universalizaciones políticas de los grandes discursos de redención humana, es imposible que el lector deje de leer o reordenar los artículos de la revista en una secuencia lineal, como para establecer la relación lógica de sus ideologemas. A ello contribuye el hecho de que cada número tiene una evidente articulacíon temática. El resultado es la inevitable totalización de este discurso portmodernista en un esquema claro, a pesar de los esfuerzos por desestabilizar tal efecto mediante declaraciones expresas de la Dirección, el cultivo de una lógica contradictoria por parte de algunos de los contribuyentes y, en algunos números de la revista, el uso de un formato de disposición de la página que propicia lecturas no lineales. Así es como estos argumentos postmodernistas llegan a constituir una gran narrativa política muy repetitiva, de características tan homogenizadoras y excluyentes de otras identidades culturales como aquellas que se denuncian.

Quizás el índice más relevante de esta homogenizacón sea la uniformidad de conceptos con que se presenta esta postmodernidad en Chile, si la comparamos con expresiones similares en el resto de Latinoamérica, Europa y Estados Unidos. Se podría decir que, en este aspecto, la *Revista de Crítica Cultural* es parte de una "internacional" postmodernista que debiera recibir atención de la crítica cultural. En realidad, se reitera un perfil ideológico ya vulgarizado por las innumerables publicaciones recientes que han explicado y comentado la problemática de la postmodernidad, tanto para lectores neófitos como para iniciados. A no dudar, esto hace ambigua la identidad neovanguardista de este grupo editorial en cuanto a su aspiración de plantear interpretaciones y narraciones rupturistas de la historia cultural chilena y latinoamericana. La ambigüedad surge porque esta reiteración puede leerse simultáneamente en dos claves diferentes: desde una perspectiva postmodernista se podría argüir que se trata de una prueba más de que los márgenes se han instalado en el centro, en la medida en que esta postmodernidad periférica en Chile convive temporalmente con la de los países centrales. No obstante, en clave modernista se podría afirmar que esta reiteración es una instancia más de la importación de máquinas conceptuales que en la periferia son anunciadas como novedades intelectuales cuando en los países centrales ya son equipo obsoleto. A pesar de todo, la identidad de *little magazine* de esta publicación ayuda a preservar por lo menos una aureola de originalidad. En medida similar a lo observado en la Introducción —en cuanto al modo en que la crítica literaria latinoamericanista ha discutido la postmodernidad como "lo ya sabido por todos"— como divulgadora de una ideología de orígenes académicos, la *Revista de Crítica Cultural* evita inquirir sobre sus basamentos conceptuales para concentrarse solamente en su aplicabilidad al medio chileno y latinoamericano, polemizando ante oponentes potenciales o reales. Se privilegian, por tanto, aspectos retóricos, gestuales y rituales presentados con alto grado de emotividad, vuelo poético y tono de testimonio personal.

No creo que sea un improperio decir que el personal de la *Revista de Crítica Cultural* asume consciente y agresivamente la noción de la "copia" como una de las problemáticas articuladoras de su identidad postmodernista en Chile. Esto introduce una paradoja aún más intensa —rescatar la originalidad de esta copia obliga a echar mano de las totalizaciones epistemológicas y discursivas denunciadas por estos intelectuales. Mi intervención al respecto será la de reordenar los ideologemas reconocibles en términos de origen y consecuencias, causa y efecto, para terminar situando esta cadena discursiva en el contexto de un Chile en transición a la democracia luego de dieciocho años de dictadura. Estimo que la originalidad de esta neovanguardia no está en su argumentación sobre la postmodernidad, sino en la inserción de sus estereotipos en ese contexto y en el inevitable carácter testimonial asociado con ello.

Desde una perspectiva personal, quizás la mayor paradoja sea que ese rescate lo haga alguien que descree de los argumentos postmodernistas. Todavía más, y como otros, desde mi materialismo histórico sospecho que estudiar y discutir el perfil de las sensibilidades sociales generadas dentro del desarrollo desigual y combinado de sociedades dependientes bajo el rótulo de "sensibilidad postmoderna" es un desvío teórico, una trampa ideológica y una pérdida de tiempo. Más claro todavía, aunque toda situación de desarrollo desigual y combinado provoca sincretismos de códigos simbólicos, ninguna lógica exige que, para comprenderlos, simultáneamente tengamos que aceptar resto del paquete temático propuesto por la postmodernidad.

No obstante, bajo ningún punto de vista estimo que sea una pérdida de tiempo el propósito de entender los modos existenciales con que algunos intelectuales progresistas respondieron al trauma social iniciado en Chile en 1970 con el intento de una transición democrática hacia el socialismo, el golpe militar de 1973 y la dictadura militar posterior. Estos intelectuales neovanguardistas actuaron como su recto juicio los motivaba y sus voces deben ser decididamente expuestas, escuchadas y estudiadas. En particular, esta última apreciación marca la metodología expositiva que he utilizado. Mi totalización de argumentos servirá de esquema de articulación lógica dentro del cual transcribiré directamente pasajes claves de los artículos publicados en los diferentes números de la *Revista de Crítica Cultural*, a modo de *collage* tan caro para los postmodernistas. En esto prestaré especial atención a los escritos del personal interno de la revista, pues ellos son el eje de significación que organiza el material de los escritores invitados. Con ello obviamente no aspiro a demostrar una objetividad espúrea, sino a captar la genuinidad de un material —también con el juicio más recto que pueda asistirme— cuya totalización sus editores mismos han abandonado o diferido y entregado a la voluntad de los lectores.

Asunción de la monstruosidad ontológica del ser latinoamericano

Para este postmodernismo la historia latinoamericana quedó marcada desde sus orígenes y para siempre con un sentido vertical de dependencia en su relación con Europa y Estados Unidos. Los latinoamericanos no producen conocimiento; son más bien recipientes que lo importan y traducen a su medio. Ello provocaría una radical alienación ontológica —

descrita como "rara ambivalencia"—, por cuanto la acumulación de utensilios culturales en Latinoamérica no responde a necesidades surgidas auténticamente en el trabajo de fundar y habitar el entorno inmediato: "Es como pertenecer a una tradición de la cual no eres el destinatario legítimo y en relación a la cual, por tanto, quedas entregado a posibilidades que no se ajustan adecuadamente a tu historia, a tu paisaje, y que te desplazan de tu territorio, al cual tampoco puedes definir de modo preciso. Lo que quiero decir es que Europa se constituye ante la mirada de un latinoamericano como un otro, pero curiosamente un otro del cual inevitablemente formas parte"[2]. Por lo tanto, el espacio latinoamericano ha quedado repleto de "copias", "reproducciones" y "simulacros" que generan una tensión de nostalgia obsesiva por los "originales". De allí que la existencia sea un vivir "referido [a ellos] en términos fantasmales", en que la múltiplicidad de las identidades nacionales europeas se disuelve en un espacio mítico llamado "Europa" —lugar que "existe únicamente en el imaginario latinoamericano"— que a la distancia "exige esa actitud de reverencia que es propia de las relaciones de dependencia y dominación".

Si la identidad cultural de los seres humanos se crea con la permanente autotransformación en el trabajo por transformar la naturaleza y la sociedad para satisfacer necesidades autónomamente definidas, el latinoamericano carecería de identidad: "La distancia ["del lugar de los originales"] hace de él una suerte de europeo que no es propietario de su identidad; la distancia [...] hace que él no sea más que el reconocimiento, bajo formas europeas, de su no ser europeo. Te repito: Latinoamérica pensada culturalmente desde sí misma es, hasta donde yo entiendo —pero te insisto que ésta es la opinión personal de un chileno—; es la historia de esta no identidad, de esta identidad impropia". Esto se comprobaría pensando que el índice de una identidad auténtica es la capacidad de interrogar a la cultura con preguntas inéditas, que dieran una mejor conducción al destino histórico y que rehicieran "creativamente preguntas heredadas": "Pues bien, en tanto que ni en la cultura que yo he recibido ni personalmente reconozco esa capacidad de, digamos, renovar, adoptar, producir interrogantes originales, y, por tanto, ni mucho menos, respuestas distintas, difícilmente puedo autorizar algo así como una identidad propia".

La negación de la identidad histórica sindica al latinoamericano como un ser monstruoso que, en su incapacidad creativa, sólo tiene la opción de un "juego" infinito de "modificación" y de "distorsión" de los originales. En ello revela una malignidad que se entrega a la "manipulación irónica" y a los "recursos de la ambigüedad" y que se "explicita [en] el proceso de degeneración sufrido por el discurso europeo a raíz de su transferencia en Latinoamérica". En esta distorsión degeneradora el ser latinoamericano alcanza "la liberación incontenida de la imaginación", la cual, mediante el "exceso", "descontrola", "descentra" y "viola" los "modelos" originales hasta hacerlos "irreconocibles". Mientras tanto, "Europa" busca disciplinar y sujetar al ser latinoamericano impidiendo que se manifieste en su espacio en toda su monstruosidad, maquillándolo y trivializándolo hasta convertirlo en ente "no visible" o "simplemente inexistente": "Pienso que Europa ha codificado esta realidad que es Latinoamérica y ha clausurado toda novedad — si es que la hay— que venga de tales territorios, la ha clausurado a partir de instalarla en ciertos estereotipos que responden, llamémoslo así, al exótico latinoamericano. Desde los años sesenta hasta no hace mucho tiempo, el diseño que éste adoptó fue, por ejemplo, la imagen del puño en alto, la revolución, el indigenismo, todos ellos estereotipos a través de los cuales se reconocía a Latinoamérica". Pero, con su perversidad, el ser latinoamericano se venga de esta "mala conciencia" haciendo que su distorsión de originales se convierta en un "espejo impuro", en un "espejo borroso", en un "espejo trizado" que devuelve al europeo "un rostro monstruoso", "invertido" y "fragmentado": " ... a la hora en que América Latina le muestra precisamente la inversión de su propio rostro, esto es justamente lo que Europa jamás quisiera ver. Europa jamás quisiera reconocerse en este rostro ahora horrible por la distorsión especular, por la alteración sufrida a fuerza de sucesivos descalces".

Con la importación de discursos América Latina ha pasado a configurar un sistema psíquico en que asume la identidad de un *id* freudiano amenazante que, a la vez, remite a la contraposición entre Ariel y Calibán discutida hace años por

Roberto Fernández Retamar. Además, Latinoamérica ha introyectado un "super-yo europeo". El ser latinoamericano se siente enjuiciado y victimizado, por ende, de acuerdo con las normas culturales más arcaicas y brutales de su historia. Indudablemente ellas reactualizan imágenes del trauma de la Conquista y de la Colonia, condenándolo a una existencia neurótica en la medida en que esas imágenes traumáticas son ubicadas en un presente permanente, se las revive infinitamente y nunca se las supera.

No obstante, con la asunción de su monstruosidad histórica el ser latinoamericano inicia un "viaje" de "virtud terapéutica": "En tanto viajero, voy al encuentro de mí mismo, y al final de esta búsqueda lo que me espera es el reconocimiento de que mi centro está siempre en otra parte; es la serena aceptación de que me erijo sobre una falta, sobre una impropiedad fundamental; de que entre la sinopsis y la película original hay otra película, la mía". La "película" propia implicaría recuperar la capacidad de examinar el entorno antes saturado por el pavor de la magnificiencia europea para situar la cultura impuesta en términos más humanos y objetivos, llegándose así a la capacidad de narrar la historia sin ocultamientos ni reverencias patogénicas. Por tanto, ese viaje "es darme cuenta que el brillo de las copias puede ser más espectacular que la opacidad antigua de sus modelos; que el simulacro —por sus fingimientos, sus descalces, sus impurezas— es más interesante que el original autosatisfecho o, sencillamente, es reconocer que el original, a estas alturas, no existe en ninguna parte o, lo que es lo mismo, no le interesa ya a nadie". Finalmente, todo esto lleva a una catarsis liberadora de energía e instauradora de una verdadera identidad cultural a partir de lo que antes sólo fuera carencia y no identidad: "Tales constataciones [...] le permite[n] al intelectual latinoamericano desembarazarse de ciertós fuertes fantasmas que pesan e inhiben su producción, su acción especuladora y manipulativa. La alteración sufrida a raíz de este tránsito ofrece un resultado saludable: la desaparición de todo residuo de reverencia y el reconocimiento de que soy, digamos, tan extranjero en Europa como lo soy en mi propio domicilio".

La movilización de los mostruos antropofágicos

La terapia ha terminado con una conciencia de la desterritorialización cultural del ser latinoamericano y con la construcción de una identidad sobre la base de la manipulación ahora irrespetuosa de los códigos simbólicos antes reverenciados. Esa terapia ha mostrado una autoagresividad, una autodenigración y sentimientos de culpa como fundamentadores de la identidad monstruosa anterior a la aceptación y reorientación constructiva de su energía. Puesto que se ha establecido una estrecha relación entre autoagresión y capacidad de combinatoria simbólica subversiva, enmascarada, no extraña que otros artículos de la *Revista de Crítica Cultural* insistan en explorar el origen de estas tendencias en procesos psíquicos primordiales, expandiéndose la temática a un psicoanálisis de la cultura latinoamericana y chilena.

Así es como, en cuanto a la primera, indirectamente se atribuye esa monstruosidad a una irresolución del conflicto edípico en el momento de formación del mestizaje americano como casta inferior, secundaria. A partir de esto se postula una conquista subversiva de los "centros" europeos por la movilización mundial de los monstruos en las olas migratorias contemporáneas. Al parecer se quiere indicar que los imperios actuales no caerán por la acción político-militar de subjetividades organizadas, sino por el socavamiento cotidiano de una concurrencia y una concentración espontáneas de muchedumbres culturalmente disímiles en el "centro".

Según lo demostraría la experiencia histórica peruana, al asumir el orden simbólico español para asegurarse un apellido, un parentesco, un linaje y, por tanto, un lugar en la sociedad, el mestizo no se sintió forzado a abandonar sus deseos incestuosos de posesión sexual de la madre india. Ello estaba avalado por la práctica común entre los conquistadores de ceder sus concubinas indígenas a hombres de rango social inferior: "Para el padre blanco la madre india no era objeto de competencia con el hijo mestizo porque ante él se hallaba desvalorizada, degradada a la condición de sierva y manceba. Este hecho, que no podía pasar desapercibido para el hijo bastardo —de quien se sabe que siempre acapara un afecto particular de la madre— bastaba para alentar en él la fantasía incestuosa de que su madre le pertenecía por una tácita concesión del padre"[3]. La consecuencia es que el mestizo se entrega a "un simulacro de resolución del complejo de Edipo, apoyándose no en la superación de sus deseos incestuosos dirigidos hacia la madre y de sus deseos de muerte contra el padre, sino en su negación".

Esta negación implica una incapacidad de síntesis de términos opuestos y genera una violencia siempre latente y sin dirección precisa en el bastardo mestizo: "Por bastardía se entiende naturalmente la irregularidad del estado civil del mestizo. Pero el término hibridismo, aplicado como calificativo de la naturaleza del mestizo, requiere una especificación etimológica suplementaria. Híbrido deriva de la palabra griega hybris que significa 'violencia e insolencia desenfrenada, lujuria y concupiscencia' y también 'desatarse, desenfrenarse, aplicándose a los ríos y los burros grandes que rebuznan y se encabritan'". La hybris se desata a la vez como "traición" y "explotación" de sus "medio hermanos indios" asociados con la cultura materna, como rechazo de todo lo que signifique la cultura del padre blanco y como impulso autodestructivo ya que "por su ubicación en el lugar de la Ley, como no tiene posibilidades de expresarse directamente contra quien la sustenta, es sufrido pasivamente y las tendencias destructivas revierten hacia el interior como autoreproches y sentimientos de desprecio de sí mismo".

Intentos de resolución edípica posteriores llevan a "construcciones delirantes" de la imaginación, tales como la amalgamación mítica de las negatividades materna y paterna en otro monstruo, "el hombre 'paridor' y la mujer fálica", antecedentes del machismo. No obstante, esta fusión monstruosa también llega a un callejón sin salida porque no deja de simbolizar la Ley paterna: en ella están presentes tanto el padre que humilla como el "silencio" de la madre, que "encarna el reproche de la Ley ultrajada" con la prolongación del incesto. Estas agudas oscilaciones resultan en un "carácter nacional" afectado por la "psicosis de opresión". Una de sus manifestaciones es "el repudio de la cultura paterna asimilada por imposición colonial, y que se manifiesta como rechazo a la occidentalización del país". La otra "es la fijación a la tierra simbolizada como madre", lo cual sustenta "nacionalismos geográficos" característicos de los latinoamericanos. Como emigrados, "si conservan algo de su identidad original es sólo a base de pintoresquismo folklórico".

Estos argumentos llegan a un abruptísimo final con la sugerencia de que la resolución del complejo edípico sobrevendrá con el desplazamiento de la identidad nacional desde su centramiento arcaico en torno al "Nombre-del-Padre" hacia el "nombre de la nación". Este desplazamiento estaría "relacionado con la formación de una Cultura propia, que no sea una 'amalgama' de las culturas paternas, sino el producto de la unión por la diferencia cultural. Y en la conformación de la personalidad individual, la evolución está determinada por la referencia a la dialéctica de las articulaciones de la Ley y la transgresión...".

Aunque no queda explicado, es posible inferir que estos argumentos tienen un movimiento similar a los que se usaran para establecer la monstruosidad del ser latinoamericano —a partir de la anormalidad y la heterogeneidad, finalmente se rescatan aspectos positivos para una nueva identidad.

Para ello importa, por tanto, determinar el origen de la violencia primordial que energiza la combinatoria simbólica culturalmente renovadora que se supone en la postmodernidad. A pesar de que ningún texto publicado en la revista se refiere a ello, recordemos que la irresolución del complejo edípico resulta en identidades caracterizadas por la difuminación, la vaguedad, la ubicuidad, el nomadismo, la inestabilidad y la imprecisión de contornos temporales y espaciales. De aquí surgirían personalidades refractarias al autoritarismo y la dictadura social[4]. Ellas sustentarían los juegos de máscaras y el trasvestismo "que nombran esta configuración dispersa titulada 'postmodernidad' sin la garantía de una definición fiel"[5]: La postmodernidad es una "mezcolanza de modos (la sospecha en filosofía: la parodia y el simulacro en estética: la desconstrucción en teoría crítica: el escepticismo en política y el relativismo en ética: el sincretismo en cultura, etc.) y *modas* (el *collage* de estilos y la cita del pasado en arquitectura: el desencanto postmarxista: el jugueteo narcisista y la distensión cool: el eclecticismo neutro en el juicio cultural y el pluralismo blando en la concertación social, etc.) hace que la confusión entre postmodernidad y postmodernismo(s) sea la marca envolvente en un sentir difuso que acompaña los cambios epocales signados por la *diseminación* y la *contaminación* del sentido: crisis de totalidad y pluralización del fragmento, crisis de unicidad y multiplicación de las diferencias, crisis de centralidad y desbordamiento proliferante de los márgenes".

A partir de lo anterior, de aquí en adelante observaremos la doble dirección de la violencia en este postmodernismo: contra el padre extranjero (las culturas europea y estadounidense) y contra los medio hermanos (la izquierda partidista chilena). Analizaré la autoagresión en el acápite dedicado al discurso del sacrificio.

Los argumentos para la agresión contra el padre se inician con el examen del "mestizaje al revés y al derecho", fenómeno de la experiencia histórica chilena. Según este, el sentido aniquilador de la guerra entre españoles y mapuches fue desplazado a la dominación sexual del oponente, ya sea real o figurada, homosexual o heterosexual: "Explicitémoslo con una palabra: el deshonor, el cual surge por la homosexualidad implícita en dicha relación. Es la guerra bajo otros medios, la toma de la mujer del otro —incluso si es su hija o hermana— es un medio de reducirlo, de despojarlo, de humillarlo [...] Hacer el amor con la mujer del otro equivale a afeminarlo, a matarlo de manera simbólica"[6]. Sin embargo la dominación de cuerpos femeninos como aniquilación del otro se dio como relación asimétrica entre los dos bandos. Mientras para los españoles las cautivas indias eran sólo concubinas y sus hijos eran menospreciados, las españolas capturadas por los mapuches eran consideradas esposas legítimas y sus hijos fueron respetados y queridos como para llegar al rango de caciques. Para el español esta absorción étnica implicaba una derrota aún más insidiosa que la militar: "En otras palabras, los españoles se enfrentan a un monstruo capaz de digerirlos, integrarlos, consumirlos. La misma existencia de esos procesos, su factibilidad, hace de los mapuches un fantasma, un sujeto digno de terror. Lo normal para los españoles es la actitud inversa frente al otro: si no se le puede negar (reducir), entonces se le debe aniquilar, expulsar o vomitar. Esto mismo hace que lo mapuche aparezca con mayor fuerza, como un potencial de monstruosidad".

A partir de la Ilustración americana, en el siglo XVIII, esta actitud española habría sido complejizada con la fusión simbólica del indio y del roto y su fijación definitiva a partir de ello. El término roto habría tenido una semántica flotante con que la sociedad colonial había estado denigrando a toda persona venida a menos, no importando su origen étnico o social. Esta experiencia y este temor habrían constituido "estructuras inconscientes" que han estado determinando hasta nuestros días el ethos cultural latinoamericano desde la perspectiva de las clases dominantes europeas o europeizadas: "De allí entonces que el fantasma de la guerra, de la revolución, del caos sólo traduce la capacidad de que el mestizaje nuevamente pueda producirse al revés y al derecho, que el orden tan caramente construido se derrumbe para hacer aparecer el fantasma de que los de arriba sean nuevamente puestos abajo, que sus mujeres sean objetos de aquellos mestizos 'sin Dios ni ley' (Richard Longeville), haciendo que la economía sexual se trastoque y con ello emerja el homosexualismo con toda su fuerza".

La amenaza pederasta y antropofágica contra lo europeo se universalizaría en manifestaciones de la cultura popular como el carnaval de Río de Janeiro. En ellas el capital simbólico europeo circulante es "espontáneamente" reciclado en "estrategias de antropofagia y carnavalización"[7] que parodian los íconos importados para transformar su sentido, alejándolos de su intención consumista y utilizándolos para una reafirmación cultural. A modo de ejemplo, se indica que, en el carnaval de 1987, una escuela de samba presentó un tema titulado "Tupinicópolis": "Su tema eran los indios Tupi, felices habitantes de una cosmópolis desenfrenada, quienes, en medio de luces de neón y desperdicios, montan sus motos supersónicas de fabricación japonesa y escuchan rock, luciendo el 'Tupi look': zapatillas de gomas de colores brillantes, plumas fosforescentes y licuadoras como sombreros". Esto ilustraría que aún en los estratos más populares hay una conciencia de que la identidad cultural latinoamericana ha estado ligado al pastiche, al kitsch y al trasvestismo como manipulación y simulacro para la supervivencia, "a tal punto que puede afirmarse que la cultura de América Latina, como la mayoría de las culturas postcoloniales o tercermundistas, fue en alguna manera postmoderna antes que los centros postindustrializados, una pre-postmodernidad, por así decirlo". Por ello este postmodernismo habla de una cultura "retro-futurista": "Esta cultura, habituada a tratar con la imposición arbitraria de productos y costumbres extranjeros, ha aprendido las tácticas de la selección y la transformación para adaptar lo extranjero a su propia idiosincracia, desarrollando de esta manera mecanismos de integración popular deliberadamente eclécticos y flexibles. Más que reflejar una debilidad estructural, esta infinita capacidad de adaptación permite a la cultura latinoamericana atravesar ciertos procesos con facilidad, ejercitando su habilidad para escoger lo que le es útil y descartar lo que juzga sin importancia."

Pero aún más, se sugiere que esa antropofagia nómade ya se ha filtrado a las entrañas mismas del imperio con la masiva migración latinoamericana a los Estados Unidos. Conforme a su naturaleza no-edípica, la gravitación cultural de alrededor de treinta millones de hispanos ha introducido elementos dispersos de su lenguaje, música, comida e iconografía a los códigos sociales predominantes. Aunque ello se debe en gran medida a la necesidad comercial de captar este mercado, se afirma que esa influencia no puede reducirse a esta esfera. El "uso cotidiano de palabras como 'adios', 'café' y 'cucaracha', entre otras, indican un cierto reconocimiento popular de la confluencia cultural latina y estadounidense". Se afirma que esta absorción ha contribuido a la obsolescencia de la ideología del "crisol de razas" con que la cultura hegemónica norteamericana (el "mainstream") racionalizaba la integración selectiva de las olas inmigratorias sucesivas. Esa ideología en realidad ocultaba la existencia real de una delimitación excluyente entre lo "americano" y lo "étnico", términos que introducían lo "exótico" como elemento que aislaba del "mainstream" a las nuevas comunidades. Sin embargo, la presencia hispana habría hecho que esa delimitación haya dado "paso a reformulaciones más dinámicas de la intrincada cohabitación de culturas". Ahora habría que hablar de "'Mosaico', un lugar en el que los elementos se encuentran no para disolverse y fundirse sino para construir juntos un panorama".

En última instancia, la cultura turística, industrial y prostibularia de Tijuana, la ciudad fronteriza entre México y

Estados Unidos, aparecería como el epítome monumental de la desterritorialización simbólica latinoamericana. De ella se habla con entusiasmo y fascinación de antropólogo que ha encontrado una gran veta para la investigación: es el espacio en que la identidad individual es un cortacircuito simbólico que sólo puede definirse como "posmexica, prechicano, panlatino, transterrado, arteamericano... depende del día de la semana o del proyecto en cuestión"[8]; espacio en que el grotesco de los burros pintados de zebras sirve de utilería conscientemente teatral y dolosa, porque ante "la falta de otro tipo de cosas, como en el sur, que hay pirámides, aquí no hay nada de eso... como que algo hay que inventarle a los gringos" [...] por "este mito que traen los norteamericanos, que tiene que ver con cruzar la frontera al pasado, hacia lo salvaje, hacia la onda de poder montar" .

Neovanguardia postmodernista: Sacrificio y nostalgia de los monstruos cool e indiferentes

Ahora bien, además de la venganza migratoria contra el padre, otra de las consecuencias de la experiencia psicoanalítica es la constitución de una vanguardia artística. Ella separa al común de los latinoamericanos —que manifiesta su ser sin conciencia de sus rasgos— de una intelectualidad que asume la monstruosidad para una práctica artística consciente: "Diría que la subversión [...] entendida ésta como modificación de un contenido cultural, es ley intríseca a todo proceso de transferencia, de traducción y retraducción de un discurso. No se trata, pues, de una acción deliberada, salvo quizá en el caso de ciertas vanguardias artísticas de este siglo que se plantean explícitamente el problema y hacen de éste la fuente de su trabajo de experimentación y producción"[9]. Para los intelectuales hoy agrupados en torno a la *Revista de Crítica Cultural*, el momento de conciencia de la necesidad de asumir una posición de vanguardia cultural se dio en el período posterior al golpe militar del 11 de septiembre de 1973. Es el momento en que buscaron su diferenciación de la izquierda partidista chilena. Luego de la invasión militar de la sociedad civil por una máquina militar que no encontró obstáculos de una contrafuerza proporcional, los partidos de la izquierda marxista-leninista continuaron el discurso político prevaleciente, en que se adjudicaban la identidad de "vanguardia del pueblo". En la derrota actuaron para salvaguardar la seguridad personal de militantes y dirigentes, reconstruir sus cuadros en la clandestinidad, promover la continuidad pública de una memoria política truncada, mantener la vigencia de sus símbolos, abrir espacios seguros para la reunión, la reflexión y el estudio, articular un frente nacional antifascista y llevar a una movilización antidictatorial masiva y creciente. Hacia fines de la década de 1970 algunos sectores intentaron preparar las condiciones para una insurrección nacional y la lucha armada. Por ello la izquierda partidista generó un arte de compromiso político directo, que buscó la reconstrucción figurativa de un sujeto nacional-popular y la expresión altamente emocional de sus luchas cotidianas mediante el testimonio, la denuncia y la protesta. Por el contrario, esta neovanguardia se distanció de la actividad política y, replegada a los "márgenes", buscó intensificar las rupturas con el pasado, aceptar la fragmentación psico-social instaurada y administrada por la represión y, a partir de las enseñanzas de esta experiencia traumática, desmontar sistemáticamente los códigos simbólicos sustentadores de la represión: "Violando convenciones de formatos (cuadro, libro o pantalla). Torciendo géneros: los de la tradición académica pero también los del reparto sexual. Subvirtiendo los códigos de la institucionalidad cultural mediante el descontruccionismo de signos en permanente trance de hiperactividad crítica. Trastocando sintaxis e imaginarios hasta subvertir el rito ideológico de la cultura militante. Pero también hasta descontrolar la racionalidad funcionalista del encuadre sociológico, que buscaba correspondencias y traspasos lineales entre significante estético y significado socio-político"[10].

Mirando en retrospectiva, se podría suponer que este descontruccionismo implicaba que, desde su campo de actividad específica, un grupo de intelectuales independientes buscaba hacer un aporte complementario y aún más radical de subversión antidictatorial que el de los partidos de vanguardia política: estos partidos se planteaban las tareas inmediatas de la reorganización y movilización de la base. Por su parte, la neovanguadia artística, al agitar en Chile la problemática de la postmodernidad, planteaba a muy largo plazo el desmontaje de los códigos simbólicos predominantes en la cultura política chilena, aspirando con ello a la renovación radical de sus hábitos mentales. Sin embargo, la neovanguardia, apoyándose en la noción del descrédito de las grandes narrativas de redención humana, repudió la complementariedad de proyectos y más bien agredió a la Izquierda partidista, buscando una mejor definición y perfilamiento de su propia identidad: "Había otra insolencia más en hablar de postmodernidad por cómo [sic] el discurso postmodernista agrede a la generación latinoamericana que suscribió heroicamente la fe tercermundista en la revolución y el hombre nuevo: el postmodernismo como *teoría del exceso y estética de la indiferencia* —producto hipermediático de la sobreexposición y del reventamiento de las imágenes autocumplidas del mercado— viola dos morales: la de la pobreza y la del compromiso social y político, que sirvieron de emblemas reivindicativos a la conciencia latinoamericana de los 60. Esa intelectualidad utópica-revolucionaria resiente como burla la ironía postmoderna que juega a desacreditar el respaldo ético de su discursividad militante"[11]. Esta ruptura demanda una consideración cuidadosa, pues en ella se han acumulado problemáticas anteriores al golpe militar de 1973 y otras surgidas con posterioridad.

La historia chilena reciente de las relaciones entre artistas y partidos de vanguardia ha estado marcada simultáneamente por una complementariedad y un desentendimiento. Complementariedad en cuanto, por una parte, la relación estrecha entre el partido y el artista proveía a este de una legitimación social que iba más alla de su mérito individual, relacionando su obra con las luchas de la emancipación del pueblo; mientras, por otra, el partido podía hacer uso de la imagen del artista como otro ícono más de su capacidad de congregación y movilización de fuerzas materiales y espirituales. Además, es preciso considerar que los partidos de vanguardia son conglomerados humanos de variado origen social y competencia cultural. Su línea política es el resultado de un cálculo para la cohesión de tendencias que deben conjugar aspiraciones tanto de clases sociales subordinadas, quizás de fuerte arcaísmo en el uso de código simbólicos, como de intelectuales de gran capacidad innovadora al respecto. Aunque en las décadas posteriores al estalinismo los partidos de vanguardia popular en Chile se caracterizaron por el cultivo cuidadoso de la libertad de expresión, en algunos sectores intelectuales ha primado la imagen de que al vanguardismo político revolucionario debe corresponder una total simetría vanguardista en los códigos culturales. Esto desmerecería la expresividad tradicionalista de sectores partidarios no intelectuales, cuya actuación personal es, sin embargo, de un espíritu revolucionario irreprochable. Esta contradicción señala que los intelectuales neovanguardistas han llegado a sobrevalorar los utensilios de su práctica cultural. En casos extremos han llegado a adjudicarse la calidad de revolucionarios más efectivos que aquellos que actúan en estructuras partidarias, achacando a los partidos de vanguardia una inercia continuista de los códigos simbólicos de la represión burguesa. No obstante, menoscabar la expresión popular es inadmisible en partidos que hacen de las clases subordinadas el sujeto paradigmático de la transformación social. Por ello la contradicción entre vanguardia política y vanguardia artística sigue latente, aunque las burocracias partidistas han tendido a ignorarla y dejarla irresoluta, reafirmando, sin embargo, la libertad de expresión artística. De allí que intelectuales neovanguardistas se hayan abstenido de militar.

Aunque esa polémica virtual nunca se manifestó abiertamente, se intensificó durante la dictadura. En la clandestinidad, la dirigencia de los partidos de vanguardia debió hacer demandas de disciplina militante que obligaron al sacrificio de toda otra preocupación personal, emocional e intelectual en aras de un activismo febril. La situación existencialmente precaria de los militantes quedó agravada por vivir una extraña dualidad de enmascaramiento en una rutina normal para cubrir sus actividades subversivas, mientras a la vez se vivía la realidad del miedo, del agotamiento físico, de las tensiones, y del descuido de la salud. En estas condiciones, la frustración de muchos militantes se tradujo en la pérdida de la confianza en los liceratos partidarios para llegar a un consenso general mínimo que planteara una alternativa económica y política hacia una pronta redemocratización del país[12]. Ante la gran efectividad de la represión militar y la persistencia a través de los años de las animosidades políticas que habían llevado a la crisis institucional de 1973, las directivas partidistas hacia las bases parecían corresponder a un lenguaje ya caduco, totalmente desprovisto de capacidad de captación de lo real. Todavía más, las polémicas generadas por el diagnóstico de las causas de la caída del gobierno de la Unidad Popular y los testimonios del exilio en los países del antiguo bloque socialista europeo introdujeron dudas sobre la organización partidista en términos leninistas y sobre el socialismo soviético como utopía política para Chile y Latinoamérica. En parte, estas dudas abrieron la disputa que hacia comienzos de los años '80 llevó a la proclamación de un "socialismo renovado" con que sectores socialistas abandonaron aspectos importantes de la filosofía marxista, la totalidad del leninismo, terminando en una fuerte fragmentación de la Izquierda. Estas condiciones significaron el aislamiento político de los sectores marxista-leninistas que habían optado directamente por la lucha armada (Movimiento de Izquierda Revolucionaria, MIR) o por la integración de algún componente armado para una sublevación nacional contra la dictadura (Partido Comunista, Frente Patriótico Manuel Rodríguez). Con todo esto, a los ojos de muchos intelectuales, los partidos políticos, en general, tomaron aspecto de maquinarias frías e impersonales, dispuestas al sacrificio innecesario de gran número de militantes por "razones de Estado", particularmente aquellos partidos que preparaban la lucha armada. Esto explica afirmaciones de esta neovanguardia tales como la siguiente: "Contra los finalismos heroicos de ese Sentido mayúsculo (llámese Revolución o Dictadura), las prácticas neovanguardistas construyeron una contra-épica del desarme y de la precariedad de los signos. Rompieron la verticalidad doctrinaria del sentido cerrado sobre sí mismo (la ideología) mediante una poética horizontal de lo suspensivo y de lo discordante: de todo lo que burlaba la creencia en una verdad finita o en un significado último, y reventaba el totalismo de las significaciones unívocas"[13]. Frente a los sacrificios provocados por la "razón de Estado" partidista, esta neovanguardia prefirió ver las grandes movilizaciones populares de las protestas nacionales iniciadas en 1983 como manifestación espontánea e independiente.

Este antipartidismo también podría explicarse por la necesidad vanguardista de irrumpir explosivamente en todo escenario cultural. Ello reafirmaría una imagen de monstruosidad cool, impasible, indiferente en medio de grandes catástrofes históricas. Por otra parte, si es que fuéramos a exigir consistencia argumental, ese antipartidismo podría ser fácilmente referido a dos de los presupuestos piscoanalíticos ya mencionados: la necesidad manifiesta de destruir los estereotipos revolucionarios exóticos con que "el discurso europeo" ha sojuzgado al ser latinoamericano; el rechazo de un occidentalismo "paterno" que corre a parejas con la agresión hacia los medio hermanos, la autoagresión y autodenigración. Sin embargo, en la búsqueda de explicaciones historificadas estas suposiciones basadas en la existencia de un inconsciente colectivo son, sin duda, altamente cuestionables. No obstante, sospecho que tras el antipartidismo se esconde una noción de *sacrificio necesario* potenciada a raíz del *sacrificio* supuestamente *innecesario* de la militancia que se imputa a los partidos de vanguardia. Me refiero al hecho de que hay una fuerte dosis de afecto humano y de conciencia de ser intensamente injustos con la militancia marxista-leninista cuando se habla de la propia "insolencia" y de la "agresión" contra "la generación latinoamericana que suscribió heroicamente la fe tercermundista en la revolución y el hombre nuevo". Es que, en realidad, en Chile los desaparecidos, los asesinados, los torturados no fueron intelectuales neovanguardistas, sino militantes comunes. Sin embargo, en una cultura política como la chilena, tradicionalmente canalizada a través de partidos o de otras organizaciones cercanamente influidas por los partidos, cuyo ideologismo se hizo inflexible en la época anterior y posterior al golpe militar, la posibilidad de introducir un juego crítico independiente, como era este proyecto neovanguardista, implicaba la asunción en conciencia del papel de paria solitario y traidor a los ojos de muchos militantes, de Judas borgeano dispuesto a la ignominia y al vituperio como sacrificio necesario para encarnar uno de los elementos contradictorios que energiza la dialéctica de la historia.

Esto desplaza la identidad de esta neovanguardia desde el arte hacia la religión. De esta religiosidad hay evidencia abundante en la *Revista de Crítica Cultural*, particularmente en la valoración cabalística y mística del marxismo de Walter

Benjamin. Ello da otro sentido a la noción de "bordes", "límites" y "márgenes", tan preciada en el imaginario postmodernista.

Dentro del concepto de cultura, referirse a los "bordes", los "límites" y los "márgenes" implica instalar la imaginación en aquel lugar hipotético en que el trabajo consciente de la humanidad materializa la diferencia entre la naturaleza y el reino de la cultura, la segunda piel de la especie humana, que distancia sus necesidades de aquellas que caracterizan a los animales. Estos márgenes son el territorio del "tabú" —las prevenciones contra el incesto, la preferencia por lo cocido, etc.— que exalta el trabajo de construcción de la cultura e impide la regresión humana hacia la naturaleza. Los márgenes son también el territorio de los sacrificios realizados por los cuerpos humanos para mantener y renovar el imperio de la cultura construida. Por lo tanto, esos "bordes" también son el espacio de la sacralidad y la ritualidad que la celebra como evidencia de que los dioses desean que la cultura perviva. En esos márgenes se realizan, además, los festivales de celebración de los frutos del trabajo logrados con el desgaste de cuerpos humanos. En los festivales de la antigüedad se derrochaban riquezas acumuladas y se suspendían momentáneamente las disciplinas jerárquicas para reafirmar un sentimiento de comunidad entre iguales.

Se supone que la imposición gradual del sistema capitalista a través del mundo terminó por secularizar la política entendida como religiosidad comunitaria para lograr que el capitalismo hiciera un mejor uso de la riqueza antes derrochada en los ciclos expansivos de inversión que le son característicos. Junto con ello se creó la ley positiva para racionalizar la administración de las unidades de producción capitalista. Así surgió una racionalidad científica que diferenció entre el bien comunitario y los intereses de las empresas. El Estado se convirtió en el gran árbitro de estas relaciones, apropiándose de la noción de bien común en términos absolutistas, valorando el aumento de la producción en sí, sin anclarlo en normas éticas surgidas de la necesidad comunitaria. A la vez la burocracia estatal se encargó de sacralizar su propia versión del bien común, diseminando narrativas maestras de la identidad nacional que promueven la lealtad al Estado por sobre los intereses y necesidades de la comunidad humana inmediata. Esta sacralidad se ha mantenido por sobre las diferencias sistémicas que irrumpieron durante el siglo XX y se radió también a las burocracias encargadas de implementar la planificación económica de acuerdo con grandes teorías sociales, llámense neoliberalismo o socialismo. En nombre del Estado sacralizado, las burocracias han estado preparadas para masacrar a la comunidad si su supervivencia lo hace necesario.

En argumentos como estos se ha basado la contraposición postmodernista entre centros y márgenes[14]. Ella no sólo refleja una voluntad de sacrificio por la colectividad nacional, sino también una nostalgia por una comunidad humana inmediata anterior al Estado moderno. Ella definiría su propia concepción de la "buena vida" y del ideal ético y estético de ser humano, en conflicto con una burocracia al parecer externa y distante que la distorsiona y la sacrifica en aras de una colectividad nacional abstracta e impersonal: "Apostemos a que la palabra desencajada del arte o de la literatura en rotura de códigos siga estremeciendo la racionalidad programática de la ciencia, la política, la ideología [...] Apostemos a que la densidad figurativa del motivo estético y su tasa inutilitaria siga escandalizando —por el desborde utópico de formas saturadas de lujo y placer— el principio de rendimiento de los lenguajes instrumentales traducido por la razón práctica a una simple y resignada lógica de eficacias"[15].

Para expresar esa nostalgia, esta neovanguardia se ve forzada a adoptar una postura poética visionaria que le dé la licencia para escapar no sólo de la historia, sino también de toda la acumulación de discursos explicativos de teleología histórica a través de las edades de la humanidad. Desde esa postura se declara el fin apocalíptico de la modernidad por ser proyecto científico-burocrático. La derrota de la modernidad significaría la derrota de la humanidad. Por tanto, esta neovanguardia debe buscar una nueva orientación simplemente guiada por el deseo. El bardo debe reemplazar al científico como líder de la humanidad: "El tiempo de las ruinas se expresa en la fragmentación de lo real, y sólo el escucha, el intérprete, puede instaurar los sentidos de esos fragmentos, de esos elementos inertes y aislados, descifrando las ideas extremas y opuestas que albergan. En la interpretación se salva al fragmento de su definitiva caducidad, se atrapa la idea y se recrea el verbo. En la ruina queda encerrada la prehistoria, la catástrofe y el secreto. El camino hacia el conocimiento, es entonces contemplar desde lo fenecido, la reaparición de los significados que aprisiona un tiempo de cultura"[16].

Con esta licencia poético-visionaria se puede proyectar un viaje de retorno imaginativo a una época prehistórica, en que los cuerpos humanos se manifiestan como mera materialidad biológica, todavía derelicta, aún no signados por la simbología de los discursos del poder burocrático, pudiéndose observar y, por tanto, desmontar las formas en que finalmente "cayeron" en las discriminaciones sexuales y genéricas del orden simbólico, "logocentristas (masculinas-occidentales)": "Cuerpos arcaicos que pueden aflorar únicamente como escenas nocturnas de un sueño épico y liberador donde el anhelo de insurrección, puede punzar el otro cuerpo, que aunque yazga desnudo ya está irreversiblemente cubierto del discurso que vistió de una vez y para siempre la primera piel"[17]. En última instancia, se trata de la recuperación del "Hombre Natural" que "se relaciona con el 'conjunto de la sociedad' *a partir de sí mismo*. Por ello la construcción ética de su personalidad y de sus convicciones no depende de una moral comunitaria previa, sino de una postura humanista de carácter altruista. Reconocimiento del otro, piedad hacia el otro, concesión de la reciprocidad en el diálogo, reconocimiento de los deseos —no de los derechos— del otro, amistad, son efecto de la afirmación individual, no de la renuncia a la libertad en función de un fantasmal 'bien común'. Por ello mismo, el 'Hombre Natural' no es ese tipo ideal hobbesiano anterior a la firma del contrato social; tampoco aquella figura teórica de la ontología marxista-cristiana-ácrata que habitaría la Tierra después del juicio final revolucionario. Se trata del disidente y los grupos comunitarios que desarrollan estilos de vida libertarios *afuera* del principio de soberanía jerárquico propio del Estado. La propuesta del 'Hombre Natural' entonces es la de una *sociedad de amigos*, donde la política misma se desvanece pues, como Valery lo ha sugerido, no es posible hacer política con un semejante: habría que engañarlo —persuadirlo de otra idea— y tratarlo como dato censal — objeto de políticas públicas. Esta 'sociedad de camaradería' está constituida por todas aquellas invenciones comunitarias no traducibles al principio de jerarquía"[18].

Resistencia cultural y gestualidad de los monstruos escondidos

Luego del repudio de la política partidaria, de la animadversión ante todo centralismo burocrático, del rechazo de toda épica de conquista del poder estatal, de desconfianza ante los discursos de totalización científica del devenir social, la política propiciada por esta neovanguardia queda marcada por la incertidumbre de internarse en territorios y formas de actividad absolutamente desconocidos, a lo sumo confiados en cierta fe en algunos individuos inspirados por el bien. Por lo tanto son pocos los recursos sustanciales de acción política de que pueden echar mano. Un inventario de estos ideologemas muestra que realmente son dos: por una parte, la experimentación de una gestualidad teatral en que el histrión, al realizarla, quizás encuentre alguna seguridad anímica que importe explorar como índice de verdades todavía oscuras pero en gestación; por otra, un retorno a los micromedios de la cotidianidad para saturarlos con íconos de significados secretos, indiscernibles a primera vista, con que los derrotados en la historia latinoamericana, a través de las centurias, habrían desafiado al poder sin confrontarlo abiertamente.

El primer recurso es definido como una "posturalidad del margen"[19] que surge "desde los bordes de las escrituras legitimadas, desde la conciencia del fracaso como manera de distanciarse de lo que la historia plantea como moldes victoriosos, y desde las ruinas de una cultura que tiene congestionado su pasado en el pensar su presente"[20]. Con esta "posturalidad" se pueden intentar "nuevos gestos que flexibilicen la institución [social] y la tornen más audaz y creativa": "En medio de estas paradojas —de las cuales no estoy exento— tanteo fórmulas heterodoxas, busco en el lenguaje otras tantas expresiones paradojales para tratar de inventarme un fundamento para la acción, un 'vínculo otro' en el mundo, o al menos un esbozo de actitud. Barajo aleaciones retóricas que tienen más ingenio que eficacia, y así hago ambiguas referencias a un desencanto fecundo, una resignación amenazante, una sana ironía, una inconsistencia subvertida. En fin: nada que pueda pensarse como nuevo cimiento para acciones universalizables"[21].

Pero otra vez se manifiesta la culpa como autoagresión y autodenigración. Hay total conciencia materialista de que las "aleaciones retóricas" "barajadas" por los postmodernistas son nada más que un remedo de las desestabilizaciones sociales causadas por las prácticas especulativas del capital financiero transnacional con que se instaló el modelo económico neoliberal en Chile. La especulación financiera ha aumentado los efectos de la dependencia —"crisis del desarrollo, frustración de expectativas de movilidad social, brechas de productividad, atomización con desmovilización de masas, pérdida de referentes colectivos, o desdibujamiento del futuro". La especulación financiera sólo crea ilusiones de riqueza en papel y no en productividad que dignifique espiritual y materialmente al ser humano mediante el trabajo: "Todos los días se crean y clausuran millones de resortes para saltar a la opulencia y de trampas para caer en la quiebra. La continuidad más rentable es la continua sintonía con este fenómeno. La información precisa y ligera vale más que el acero. Esto no sólo en materia de inversiones económicas: al menos en un sentido analógico la nueva razón sincrónica permea la política, la estética, y hasta los vínculos con los demás. Primacía de la hoguera de las vanidades sobre los poemas humanos, de la alianza oportuna sobre la propuesta estratégica, de la galería sobre el museo. Sólo lo efímero trasciende. Para progresar, mejor borrar las pisadas previas sin nostalgia, o con una nostalgia leve y risueña". Se confiesa honestamente que contemplar toda esta miseria con una "confusión 'cool', refrigerada" es simplemente una "desvergüenza". Pero, "quién puede arrojarse ahora resueltamente en la proclama de la acción anti-colonial, anti-imperialista, anti-burguesa, sabiendo que estos modelos de 'lucha consecuente' resultan apenas cinematográficos?"; "¿De qué modelo de acción apropiarnos, entonces, si queremos preservar la idea de que en la acción hay algo que va más allá de su inmanencia y de su contingencia?".

Estas dudas retornan finalmente a una reafirmación postmodernista como campo de una exploración eximida de responsabilidades éticas apabullantes: "¿Por qué no explorar

en los intersticios de la política, en el esoterismo y su prolife-
ración de sentidos, en la acción simbólica, en la cultura popular, en las intuiciones sugerentes, en la revuelta espasmódica,
en las economías de los despazados, en el hermetismo de
tribus vernáculas y postmodernas, en las razones de la pasión, en la conversación intimista?". De todas maneras, toda
consolación está presidida por la culpa de saberse instalado
impotente e irremediablemente entre el irresponsabilidad de
la indiferencia intelectual y el infierno irredento de grandes
masas humanas desposeídas: "Pero este desencanto tem-
plado no reduce el volumen de miserables ni refrigera la hoguera en que se carbonizan. Mientras la confusión se ventila,
la miseria sigue recalentándose. Marginalidad urbana, deterioro rural, distribución regresiva del ingreso, informalidad [eco-
nómica] sostenida, son categorías que no tienen nada de
anacrónicas, y que conviven, sin diluirse, con las de 'complejidad estocástica', 'ventajas comparativas', discontinuidades
virtuosas y viciosas. Aquellas realidades ominosas que daban fuerza al discurso de los apocalípticos [de izquierda] están más candentes que nunca y, paradójicamente, el discurso
que las invoca suena poco actualizado. Esto puede tener mil
explicaciones, pero una cosa parece irrefutable y sintomática:
mientras que la confusión es asumida con displiscencia creciente, la miseria sube su temperatura".

El segundo recurso de reacción política obliga a que los
derrotados diluyan su presencia en el entorno y se enmascaren
con el mismo discurso del conquistador para mofarse de él a
cierta distancia, sin que ningún castigo los alcance. Esto se
expresa con una revaloración del barroco colonial latinoamericano, apuntándose en el trasfondo a uno de los estereotipos
más simplistas que se han creado en torno a él: los indios que
construyeron las iglesias barrocas se enmascararon en sus
imágenes sagradas, a la vez introyectando la dominación y
burlándose de ella: "El Barroco es la primera forma importada
por la colonización a América. Lo notable es percibir cómo
esta forma, que ya de suyo está caracterizada por el exceso,
por la liberación incontenida de la imaginación, viene a sufrir
por su adopción en terreno indígena una transformación que
hace que, comparada con la retórica ornamental de la cate-
dral de Quito o con una iglesia de Alejhadiño, una iglesia de

Bernini, por ejemplo, parezca casi un edificio de sobriedad clásica"[22]. La relación entre barroco y derrota lleva a imputar un neobarroquismo a textos poéticos contemporáneos en que presumiblemente se da un enmascaramiento similar, estableciéndose una directa analogía histórica: "La ciudad aparece en este texto como alegoría de un deseo que nunca se cumple, sumido en continuas máscaras y desplazamientos"[23]. Por lo tanto, el entorno queda convertido en un campo simbólico que materializa las actitudes de indiferencia de los monstruos cool que los han creado: "Los íconos domésticos se representan sólo a sí mismos. Son silenciosos e indiferentes y sus destellos de sentidos son opacos (como los focos de los autos en un día de niebla)"[24]. De allí surge el "héroe" neobarroco, que coincide con la personalidad ideal de esta neovanguardia: "Inserto en el sistema que odia, saca de esa misma materia nutricia su fecundidad, y esa bipolaridad, esa violencia, de saberse gestionado por un otro que no es sino él mismo, es el que le otorga un carácter cifrado, en jeroglífico, muy diferente al héroe de la épica, la tragedia y aún más de la novela moderna"[25].

Esta concepción hace que el dato cotidiano se convierta en una "selva de signos" y quede extraordinariamente sobrecargado de significaciones que, paradojalmente, pasan desapercibidas. Ello trae la sospecha de una derrota más para una neovanguardia que calladamente sitúa sus productos en medio de "lo obvio", "lo mismo", aspirando a transformar la mentalidad del transeúnte con la subversión de los códigos simbólicos: "...se la juegan por espacios irrecuperables para la lógica del mercado de bienes culturales o para la sensibilidad imperante: arte-gesto, 'instalaciones' o 'intervenciones' fugaces en el hueso cotidiano y en la piel de las ciudades. Fragmentos de una estética críptica, que decide casi tribalmente sus propios códigos para interpretarse, haciéndose indigerible para quienes no forman parte de la tribu"[26]. La respuesta a este desafío del hermetismo incomprensible lleva a una intensificación de la religiosidad neovanguardista para instalarla, ahora, en el acto de interpretación pública.

Aunque se reconozca que esos objetos de arte son producto de "una inteligencia por cierto nada divina"[27], observarlos en la cotidianidad obliga al intérprete a crear "una mirada especial". Ella bien les otorga identificaciones femeninas que, como las mujeres, "themselves are mystick books"; o lleva a suponer que "si los textos sagrados han sido dictados por la infinita inteligencia de Dios, nada de ellos puede ni debe atribuirse al azar: todo lo que no se entiende es un acertijo, que la paciencia y la inteligencia humanas podrían, a la larga, develar". Esta analogía, por más que se la tenga en mente sólo como noción aproximativa, da al acto hermenéutico una aureola de acto ritual cabalístico. Por tanto, el intérprete queda tácitamente elevado a la jerarquía de poseedor de las claves de la verdad oculta. Con ellas revela al común de los mortales el "sentido opaco" de la realidad, introduciéndolo "en una zona de sentido más recóndita". El acto interpretativo adquiere así calidad de prótesis de los objetos interpretados en cuanto a que, para el público supuestamente destinatario, ninguno tiene mayor sentido sin el otro. Ello acentúa la calidad ritualista de la interpretación: la única comunicación de la "tribu" neovanguardista diluida, oculta o enmascarada en el espacio que comparten con el resto de los mortales son las exhibiciones de tiempo limitado. Como excursiones poco frecuentes, estas exhibiciones deben quedar sobresaturadas, por lo tanto, de significaciones especiales.

Neovanguardia postmodernista y el tabú de la guerra en Chile

En la introducción de este trabajo afirmaba que la originalidad de esta neovanguardia postmodernista no está en su conceptualización, sino en su contextualización en la cultura chilena actual y en el testimonio histórico implícito en esta contextualización. En cuanto a lo primero, no se necesita llamar la atención sobre la apoyatura en conceptos ya muy difundidos por Lacan, Lyotard, Derrida, Deleuze, Guattari y Kristeva. De hecho, Derrida y Guattari contribuyeron a la revista.

En cuanto al contexto, la situación es más compleja. Por una parte está la novedad de que este grupo propicia en Chile una política de movimiento social independiente de los partidos, fundiendo lo político y lo estético hasta el extremo en que este último término reemplaza del todo la acción política misma, si es que por ésta entendemos alguna forma de presión organizada ante el poder hegemónico institucionalizado, de acuerdo con una agenda claramente definida. Sin embargo, la novedad se diluye si consideramos que esta neovanguardia construye su identidad siguiendo de muy cerca la abundante literatura sociológica, europea y norteamericana, sobre los llamados "nuevos movimientos sociales". Las similitudes son patentes: ya desde hace largo tiempo, esa literatura[28] ha tipificado estos movimientos sociales como formas de radicalismo de los sectores medios, cuyas aspiraciones no son estables a largo plazo, que no tienen como referente necesario a los Estados nacionales y que no logran ser procesadas o representadas por organizaciones políticas de carácter más burocrático, como los partidos políticos, los sindicatos y los gremios. Más bien agitan por una participación política directa de la base social, en torno a objetivos muy limitados, relacionados con la defensa de los derechos humanos, la calidad de la vida, del medio ambiente o la redefinición de identidades sexuales y genéricas. Prefieren luchar dentro de los marcos estatales y del mercado capitalista, sin aspirar a racionalidades de gran eficiencia o a reformas globales y drásticas, comunicándose con grupos afines mediante redes de existencia inestable. Un artículo publicado por la *Revista de Crítica Cultural* es claro al respecto, afirmando que "no se aspira a derribar las estructuras del sistema, sino establecer autonomías relativas dentro de ellas. Lo revolucionario deja de ser pensado como grandes cambios en el tiempo para reconocerse como pequeños y significativos cambios en el espacio"[29].

Es por ello que los nuevos movimientos sociales juegan sus demandas a un nivel más bien expresivo. Cuestionan y reinterpretan los modelos culturales prevalecientes y su definición de valores en las relaciones entre los seres humanos y la naturaleza, las normas y los códigos sociales que establecen los criterios de "normalidad" y "anormalidad", "inclusión" y "exclusión". Crean nuevas significaciones simbólicas, desafiando las delimitaciones de la acción política entre lo público y lo privado y luchando por la construcción de espacios e identidades sectoriales autónomos, en que puedan concientizarse, verbalizarse y expresarse las heterogeneidades culturales y sexuales. Buscan para ello un fuerte sentido de estilo y expresión ritual. En su ataque a las ideologías predominantes las reducen a meros esbozos y se refieren sólo a algunos de sus elementos, vaciándolos de su profundidad —por ejemplo, en la neovanguardia que nos preocupa los términos "centro" y "periferia" son tomados de Teoría de la Dependencia, reduciéndolos a esquemas absolutamente rígidos y polarizados; por otra parte, en su repudio de los partidos de vanguardia se desconoce del todo la flexibilidad de la política leninista de los Frentes de Liberación Nacional, de gran éxito en la revolución nicaragüense y en la guerra civil salvadoreña. Este leninismo no niega formas de acción mancomunada con los nuevos movimientos sociales. En todo esto los movimientos sociales han demostrado que sus objetivos son intransigibles e innegociables. Por tanto, se esfuerzan por fortalecer las agrupaciones de la sociedad civil en una dicotomía que las ve en lucha permanente contra el dominio de las grandes burocracias, partidistas, estatales o privadas.

Si la novedad de la *Revista de Crítica Cultural* tampoco está en el perfil político con que se exhibe, en última instancia esa novedad se encuentra en la manera franca y desembozada con que propone en Chile una práctica política de nuevo movimiento social. Aquí hay una gran diferencia con la ambigüedad demostrada al respecto por la crítica literaria latinoamericanista. Dentro de sus objetivos limitados, parece obvio que una neovanguardia como esta puede tener una función de reactivo dinámico en el ambiente chileno, en lo que respecta a la crítica y discusión de la cultura. Es difícil proyectar, sin embargo, el modo en que la propuesta de un inconsciente colectivo pueda alcanzar alguna relevancia en un medio intelectual en que esta forma de psicoanálisis estaba ya largo tiempo desprestigiada. Por otra parte, la vehemencia retórica del ataque a los partidos pareciera indicar que se busca reemplazarlos del todo por nuevos movimientos sociales y no servir de complemento u oponente crítico ante sus posibles claudicaciones. En justicia, es imperativo reconocer que, en aras de un fortalecimiento de la iniciativa personal y de grupos en la sociedad civil, no todas las urgencias sociales pueden o deben ser canalizadas por los partidos políticos. No obstante, en una democracia parlamentaria es lógico pensar que los partidos son las instituciones más aptas para tran___ objetivos más estables y globales en la conducción de la sociedad. Por tanto, no pueden quedar dudas de que tras la propuesta de la *Revista de Crítica Cultural* parece deslizarse una instancia más de la fetichización de la práctica simbólica por parte de vanguardias estéticas cuya relación con lo político es inestable.

Quizás la incógnita fundamental en cuanto a este grupo se relaciona con el obvio deseo de proyectar algún grado de credibilidad masiva para un proyecto elitista y minoritario. De otro modo no se lo institucionalizaría y canalizaría a través de una publicación estable, sin duda vendida a pérdida y de reducida circulación, si nos atenemos a las estadísticas del comercio editorial en Chile. Creo que la explicación está en el tipo de teatralidad política con que se ha venido dando la transición democrática en Chile.

A partir de su instalación en 1990, el gobierno de la Concertación de Partidos por la Democracia —compuesto por la Democracia Cristiana y el socialismo renovado— ha debido enfrentar un triple dilema en el proceso de reactivar la participación y la representatividad democráticas: desde la base social, se da la demanda urgente de un rápido fin de los altos niveles de desempleo, de la desinversión estatal en los servicios sociales y de una mejoría de las condiciones de vida paupérrimas en que cayó por lo menos un tercio de la población nacional como consecuencia de un modelo económico neoliberal impuesto dictatorialmente; ante la falta de una alternativa, el imperativo gubernamental de continuar el modelo económico neoliberal, a pesar de que refuerza la marginación social; desde los estamentos militares, la amenaza de nuevas intervenciones si es que no se preserva su inmunidad ante las violaciones de derechos humanos, de su autonomía en la administración de sus asuntos internos, la continuidad de su poder constitucional de veto político. Ante estas contradicciones, el gobierno ha echado mano de fórmulas demócratacristianas ya usadas en el pasado, buscando la desactivación política de la base social aumentando una inversión social distribuida clientelísticamente, a la vez que se proyecta la imagen de un amplio pluralismo social e ideológico y de participación democrática de todos los sectores políticos. Esta imagen se ha logrado con el reclutamiento estatal de intelectuales procedentes de las diversas corporaciones de estudio en que se reorganizó la oposición antimilitar durante la dictadura. Aunque estos intelectuales quizás no tengan una representatividad de la base social o estén desconectados de ella, los medios de comunicación pueden proyectarlos como evidencia de una política nacionalmente integradora y de un verdadero debate y consulta nacional. En este contexto de representatividad y consenso modulados por un aparato de relaciones públicas, una publicación de propuestas políticas y culturales como la *Revista de Crítica Cultural* puede tomar aspecto de una trascendencia mucho más amplia que el pequeñísimo número de intelectuales involucrados.

Se trata, por tanto, de un mimetismo favorable al grupo y sería concordante con su exaltación de la estrategia de enmascaramiento. Sin embargo, en un campo de consensos manipulados, ese mimetismo corre el peligro, nuevamente, de pasar desapercibido y diluir del todo la identidad crítica de un grupo que debe conservar la agresividad neovanguardista. De allí que haya tenido que refinar su imagen postmodernista, distanciándose ahora no sólo de los partidos de vanguardia popular, sino también del socialismo renovado en el gobierno. Las afinidades de este grupo neovanguardista con el socialismo renovado son obvias: es preciso recordar que, una vez que el socialismo renovado desahuciara el componente ideológico leninista, optó por una estrategia de refuerzo de la autonomía de los grupos de promoción y expresión comunitaria, denunciando una supuesta instrumentalización política de ellos por parte de los partidos marxista-leninistas. El distanciamiento del socialismo renovado queda expresado así: "Esta pregunta surge de un doble rechazo: se opone al militantismo del compromiso ideológico que subordina unívocamente la obra a la defensa de un contenido de lucha, denuncia o acusación. Pero es también contraria a la dominante narcisizada de un cierto postmodernismo que le rinde tributo al sistema y a sus fuerzas de neo-conservación del orden por vía del relativismo escéptico (todo valdría por igual —sin prioridad motivacional ni urgencia contestataria— después del fracaso de las utopías y de sus crisis de proyectos) y del pluralismo conformista (la pasivización de las diferencias llamadas a coexistir neutralmente bajo un régimen de conciliación que desactiva sus energías confrontacionales)"[30]. Con esta denuncia el grupo proclama una independencia intelectual que le confiere un perfil anarquista por su insistencia en el cambio social a partir de individuos que naturalmente tienden al bien, en incesante crítica contra toda organización burocrática mayor. Privado voluntariamente de un programa global para la sociedad, este anarquismo neovanguardista debe adoptar una postura estrictamente situacional y espontaneísta en su acción política, operando, al parecer, sin preconcepciones: "Se trata ahora de pelear lo divergente y la alternativa mediante un juego de acciones situadas: es decir, delimitadas por el concurso de circunstancias que decide de su eficacia en razón del aquí-ahora de un proyecto segmentado en el tiempo y en el espacio". En última instancia, el único anclamiento político permanente de este anarquismo es reiterar la voluntad de descontruir el discurso del poder, de todo poder: "Cada signo —reempleado por el arte— contiene de trasfondo la suma de prescripciones y adscripciones con la que la cultura rodea su trazo de ideología; desorganizar esa suma alterando equilibrios o quebrando jerarquías es una forma de liberar la virtualidad disidente de los contra-usos que este signo es también capaz de oponer a las pautas reglamentarias".

El resurgimiento de núcleos anarquistas en Chile, luego de que la cultura de Izquierda fuera monopolizada por los Partidos Comunista y Socialista desde la década de 1920, es, en sí, asunto de nota. No obstante, estimo que la importancia histórica de esta neovanguardia postmodernista es de carácter testimonial, por su evidente asunción existencial de la derrota política de la izquierda a partir de 1973. En realidad, sus argumentos configuran lo que en psicología social se ha llamado desorden de tensión (*stress*) post-traumática (DTPT) y está relacionado con la situación de guerra que vivió Chile bajo la dictadura.

Entre 1973 y 1990 el gobierno militar practicó una guerra que ningún sector democrático ha querido reconocer abiertamente[31]. Aplicando las estrategias y tácticas de los conflictos de baja intensidad[32], las Fuerzas Armadas chilenas derribaron el gobierno de la Unidad Popular; eliminaron físicamente a sus representantes más notables; desmantelaron el aparato clandestino de la mayoría de los partidos políticos de Izquierda; neutralizaron sus comandos infiltrados desde el extranjero; desbarataron periódicamente las redes intermedias y de base para la movilización opositora, así como también neutralizaron el aparato militar que habría servido de vanguardia en la insurrección nacional proyectada para 1986. El gobierno militar nunca perdió el control político. A través de los años pudo mantener e implementar su gran estrategia de modernización neoliberal de la economía chilena y fortalecer las conexiones geopolíticas con el capitalismo transnacional. Más aún, la conducción de la guerra le permitió ganar la paz a largo plazo en cuanto a que sus contendores, iniciado el proceso de transición a la democracia, debieron atenerse a su política económica, a la institucionalidad militar y a los calendarios estipulados por su gobierno.

Quizás la guerra psicológica fue el mayor triunfo militar, puesto que indujo en grandes sectores de la oposición, en nombre de un "realismo", "pragmatismo" o "renovación" política, la convicción de que muchos de los objetivos militares eran sus propios objetivos —despolitizar la sociedad civil, debilitar la influencia de los partidos políticos y los sindicatos de trabajadores, inducir drásticas modificaciones ideológicas como las sufridas por el socialismo "renovado", atenerse a un régimen de vida que aceptara las modernizaciones capitalistas, el mercado liberal y la limitación de toda expectativa política. El psicoanálisis de esta neovanguardia postmodernista coincide con esos objetivos. Esto queda patente con la construcción de una ontología del latinoamericano como ser permanentemente derrotado por la irrupción violenta de fuerzas que reafirman periódicamente la introyección de la cultura externa, en constante necesidad de sobrevivir enmascarándose y manipulando subversivamente los códigos simbólicos del conquistador, degenerándolos vengativamente porque no tiene otras opciones. En esta ontología de la frustración, de la desesperanza y del agotamiento mental y físico están los índices de la representación simbólica de un DTPT.

El DTPT surge con la exposición a sucesos catastróficos como los de la guerra en Chile, que acarrean peligro de muerte, destrucción y caos para uno mismo o para quienes reconocemos como autoridades culturales[33]. Estos sucesos generan una enorme sobrecarga de energía emocional en los modelos culturales de concepción del sí mismo y de su entorno como espacios para la actuación humana "normal" y "segura". Desde entonces la elaboración cognoscitiva de los sucesos es inadecuada para el bienestar personal y colectivo y no se intuyen claramente otros paradigmas de reemplazo, en un claro paralelo con el desahucio postmodernista de las grandes narrativas de redención humana. Con ello se da la necesidad simultánea de asumir y revivir constantemente los episodios de mayor vulnerabilidad, indefensión y victimización en la historia personal y colectiva, con una intensa sensación de culpa, aislamiento, como en un presente perpetuo, de gran cercanía, confusión, contradicción y desorden emocional — recordemos el ensalzamiento neovanguardista del barroco latinoamericano como expresión de los derrotados. Todo esto resulta en conductas rígidas que rehusan superar el pasado. La ira generada por esos episodios se dirige de manera difusa contra el sí mismo en términos de autoagresión y autodegradación y contra los seres más cercanos —en este caso los partidos políticos de Izquierda. Se desconfía de ellos, imaginando o imputándoseles una responsabilidad por el trauma, a la vez que, en instancias muy frecuentes, se oscurece el origen verdadero de la fuerza avasallante que realmente causó el trauma. En este sentido es reveladora la declaración de la directora de la *Revista de Crítica Cultural* en cuanto a que, durante la dictadura, "las diferencias entre el arte contestatario de la cultura militante y la 'nueva escena' [neovanguardista] desataron polémicas que ratificaban la opinión de que —muchas veces— 'los conflictos solían ser más intensos al interior del campo no-oficial que entre este y el oficial'"[34].

La superación del DTPT sobreviene con una eventual capacidad de integrar los episodios catastróficos en una narración que los totalice y consolide en un lugar estable de la memoria. Así se recuperan aspectos positivos del pasado traumático y se deslindan las circunstancias reales y las responsabilidades verdaderas, reestructurándose una capacidad cognoscitiva que borre sentimientos de culpa innecesarios. Con ello se logra el cuestionamiento sano y la revitalización de los valores propios y del significado, estilo y dirección de la vida. Esto permite la reconstrucción de la identidad en torno a un nuevo modelo de realidad personal y social, junto con la reconexión con un sentimiento de comunidad. El psicoanálisis de la cultura propuesto por esta neovanguardia y su promoción de una política de nuevo movimiento social podría entenderse como un esfuerzo en este sentido. No obstante, la vehemencia del ataque a instituciones políticas necesarias, la incapacidad de presentar alternativas reales para ellas y la fijación exclusiva en cuestiones estéticas como anclamiento de toda posible acción política revelan que no se han superado del todo las rigideces adoptadas durante la época traumática.

Las implicaciones de la asunción de este trauma cultural por este grupo neovanguardista pueden apreciarse en toda su dimensión si la consideramos en el contexto de las censuras impuestas en la sociedad chilena por el tabú de la guerra ocurrida en Chile entre 1973 y 1990.

Aunque los mandos militares han reiterado que su control del Estado, su intervención en la sociedad civil y su conducción de la política nacional deben ser entendidos como actos de guerra para neutralizar al comunismo internacional en Chile y reforzar la institucionalidad contra su asedio, la mayor parte de los partidos políticos, las organizaciones de Derechos Humanos y la Iglesia Católica han negado la existencia de un estado de guerra en Chile entre 1973-1990. Para los partidos negarla era un buen vehículo legal y propagandístico deslegitimador de un régimen que para unos había destituido a un gobierno legítimo o para otros terminado con la institucionalidad democrática. Por ello rechazaron el concepto de guerra y agitaron el de represión dictatorial y las violaciones de los derechos humanos, a pesar de que, más adelante, en 1978 y 1980, el Movimiento de Izquierda Revolucionaria y el Partido Comunista organizaron cuerpos armados en el país. Para la Iglesia Católica el reconocimiento de la guerra no cuadraba con sus frecuentes llamados a la colectividad de hermanos chilenos a reunirse en paz en el cuerpo místico de Cristo. Luego de que el plebiscito de 1988 y las elecciones presidenciales de 1989 impidieron la continuidad del general Augusto Pinochet en el gobierno y abrieron el camino hacia la redemocratización, negar la guerra en Chile permitió que la Concertación de Partidos por la Democracia proyectara una imagen de derrota de los militares, triunfalismo que contrasta flagrantemente con los efectos a largo plazo de la gran estrategia militar en Chile. Por tanto, se ha producido un vacío intelectual sobre el tema de la guerra que tampoco ha sido llenado por el *Informe Rettig*, con que el gobierno del Presidente Patricio Aylwin intentó clarificar los modos de operar y los efectos de las estrategias y técnicas del conflicto de baja intensidad.

Por ende, se podría afirmar que ese vacío es un equivalente impersonal de las prevenciones y prohibiciones impuestas por tabú, una de las formas primordiales con que el poder social impide que la masa humana tome conciencia de aspectos cruciales de la cultura. Puede que este vacío intelectual prolongue en el futuro la falta de entendimiento del rol de los institutos militares en la historia chilena, de manera similar a lo que ocurriera con los pronunciamientos militares y la dictadura del coronel Carlos Ibáñez en la segunda mitad de la década de 1920 y comienzos de la década de 1930. En este contexto global, con una significación ajena a su voluntad, la asunción del DTPT por esta neovanguardia postmodernista toma el carácter de un desplazamiento neurótico: su visión de la cultura nacional reciente oscurece el origen real de la violencia que provocó el trauma social en Chile y difumina y desorienta las energías generadas en él.

Ese desplazamiento neurótico toma visos masoquistas en la medida en que esta neovanguardia abandona e ignora voluntariamente los macrodiscursos de redención humana para restringirse a una acción política microcósmica sin dirección definida. Ese abandono significa declinar conscientemente derechos civiles y políticos por los que la especie humana diera grandes luchas para conquistar. Obviamente, es inevitable que el poder hegemónico institucionalizado siga utilizando esos macrodiscursos para la administración social. Considerando los modos en que ese poder se ejerciera durante la dictadura en Chile, ese abandono implica un repliegue causado por el terror: desesperadamente se busca desconocer la realidad de la violencia para hacer las paces con el poder que la infligiera. Al mismo tiempo se atenúa una responsabilidad moral acusando a las víctimas más que a los violadores de los Derechos Humanos.

Más aún, el terror oculto tras esta actitud lleva a desconocer que el movimiento en defensa de los Derechos Humanos en

Chile fue quizás la fuerza más efectiva en la limitación del terrorismo de Estado y en la recongregación de heterogeneidades políticas. Finalmente fue esa recongregación la que creó las condiciones para la transición a la democracia. Bajo la protección de la Iglesia Católica, una institución burocrática como la Vicaría de la Solidaridad permitió que personal de todas las corrientes ideológicas y políticas existentes en Chile se congregara con la motivación fundamental de restaurar un Estado de Derecho que protegiera la dignidad de la persona humana. Ese trabajo en común trajo como consecuencia la flexibilización se las rigideces que habían llevado al colapso de la democracia en Chile. Esta burocracia de abogados, asistentes sociales y activistas encontró apoyo en el Derecho Internacional, formulado y supervisado por las Naciones Unidas, la principal institución garantizadora del respeto universal de los Derechos Humanos. Junto a ella estuvieron, además, las acciones de múltiples grupos no-gubernamentales, nacionales e internacionales, preocupados por la violación de los Derechos Humanos en Chile. La defensa de los Derechos Humanos en el país comprueba la existencia continua de una narrativa maestra de redención humana que no ha se agotado y que presta a la movilización una fe a la vez religiosa y secular para protegerlos. Esta fe supera las lealtades ideológicas y políticas inmediatas. Sin embargo, en el material publicado hasta ahora por la *Revista de Crítica Cultural* no hay referencias al movimiento en defensa de los Derechos Humanos en Chile. Más bien en la denuncia de toda narrativa de redención humana hay un gozo y un éxtasis en la desilusión romántica y en la gestualidad teatral que ella genera.

Para terminar, no necesito reiterar mi discrepancia con los argumentos de la postmodernidad. Sin embargo, precisamente a partir de ella creo que este estudio de la *Revista de Crítica Cultural* contribuye a un entendimiento crítico de otra de las formas con que la intelectualidad chilena asumió el trauma social post 1973. Me parece que esto es de mayor importancia que la discrepancia misma. Por otra parte, en relación al estado actual de la crítica literaria latinoamericanista sociohistórica, este estudio llama la atención sobre la necesidad de abandonar las plataformas exclusivamente macroteóricas con que se ha venido desarrollando. Esta crítica literaria se encuentra en un momento crucial de su historia: la tradición de canonizar y privilegiar ciertos textos de la alta cultura oficial como instrumentos fundamentales en la creación de las identidades nacionales no tiene sentido frente a los efectos de una industria cultural transnacionalizada. Ante esto, el único camino abierto para una renovación es que la crítica literaria socio-histórica dé el paso definitivo de constituirse en y reconocerse como una crítica de la cultura. Asumirse de este modo implica la elaboración de problemáticas mucho más amplias sobre la producción simbólica en general dentro de una cultura. A su vez, esto obliga a adoptar una perspectiva ya decididamente antropológica y sociológica. A mi juicio, esto demanda que privilegiemos el estudio de microexperiencias específicas por sobre el gran vuelo macroteórico.

NOTAS

1 Expresiones como estas pueden encontrarse en la colección de artículos titulada *Modernidad y Postmodernidad en América Latina* (I y II), publicada por *Nuevo Texto Crítico* (Department of Spanish and Portuguese, Stanford University), vol. 6, Año III, segundo semestre de 1990, y vol. 7, Año IV, primer semestre de 1991.

2 Entrevista de Francesco Chiodi, periodista de RAI (Radio y Televisión Italiana) a Carlos Pérez del Consejo Editorial de la *RCC*. Publicada en *RCC* con el título "La No-Identidad Latinoamericana: una Visión Peregrina", N° 3, Año 2, abril de 1991, pp. 28-32. De aquí en adelante citaré sin número de nota si es que el material es tomado de un mismo artículo.

3 César Delgado Díaz del Olmo, "Psicosis y Mestizaje", *RCC*, N° 3, Año 2, abril de 1991, pp. 38-44. Se trata de un fragmento del texto "Psicosis y Mestizaje" publicado en *Vertical*, N° 3, Arequipa, Perú, septiembre de 1989.

4 Ver Giles Deleuze y Felix Guattari, *Anti-Oedipus* (Minneapolis: University of Minnesota Press, 1989).

5 Nelly Richard, "Latinoamérica y la Postmodernidad". *RCC,* N° 3, Año 2, abril de 1991, pp. 15-19.

6 Rolf Foerster G., "'Temor y Temblor' Frente al Indio-Roto". *RCC*, N° 3, Año 2, abril de 1991, pp. 39-44.

7 Celeste Olalquiaga, "Tupinicópolis o la Ciudad de los Indios Retrofuturistas". *RCC*, N° 3, Año 2, abril de 1991, pp. 9-14.

8 Néstor García Canclini, "Escenas sin Territorio. Estética de las Migraciones e Identidades en Transición". *RCC*, N° 1, Año 1, mayo de 1990, pp. 9-12.

9 Carlos Pérez, "La No-Identidad Latinoamericana...", *op. cit.*, p. 31.

10 Nelly Richard, "En Torno a las Diferencias", manuscrito no publicado.

11 Nelly Richard, "Latinoamérica y la Postmodernidad", *op. cit.*, p. 16.

12 Ver el testimonio de Maggy LeSaux, "Aspectos de la Militancia de Izquierda en Chile desde 1973", *Sur* (Santiago de Chile), Documento de Trabajo N° 49, 1985.

13 Nelly Richard, "En Torno a las Diferencias", *op. cit.*, p. 2.

14 Este tipo de argumentación ha tenido gran influencia en

círculos intelectuales chilenos a través de la obra de Pedro Morandé, *Cultura y modernización en América Latina* (Santiago de Chile: Instituto de Sociología de la Pontificia Universidad Católica de Chile, 1984).

15 Nelly Richard, "Estéticas de la Oblicuidad". *RCC*, N° I, Año I, mayo de 1990, p. 8.

16 Nicolás Casullo, "Walter Benjamin y la Modernidad". *RCC*, N° 4, Año 2, noviembre de 1991, pp. 35-40.

17 Diamela Eltit, "Las Batallas del Coronel Robles". *RCC*, N° 4, Año 2, noviembre de 1991, pp. 19-21.

18 Cristián Ferrer, "De Prometeo a Proteo". *RCC*, N° 4, Año 2, noviembre de 1991, pp. 46-48.

19 Nelly Richard, "Estéticas de la Oblicuidad", *op. cit.*, p. 8.

20 Nicolás Casullo, "Walter Benjamin...", *op. cit.*, p. 39.

21 Martín Hopenhayn, "Ni Apocalípticos ni Integrados". *RCC*, N° 4, Año 2, noviembre de 1991, pp. 32-34.

22 Carlos Pérez, "La No-Identidad Latinoamericana...", *op. cit.*, p. 31.

23 Eugenia Brito, "La Cita Neobarroca: el Crimen y el Arte". *RCC*, N° I, Año I, mayo de 1990, pp. 29-31.

24 Carlos Altamirano en contratapas de *RCC*, N° 4, Año 2, noviembre de 1991.

25 Eugenia Brito, *op. cit.*, p. 30.

26 Martín Hopenhayn, *op. cit.*, p. 34.

27 Adriana Valdés, "Las Licencias del Entremedio". *RCC*, N° 4, Año 2, noviembre de 1991, pp. 41-45.

28 Para una visión global ver, por ejemplo, *Social Research*, Vol. 52, N° 4 (Winter, 1985), *Social Movements*, Jean L. Cohen, Guest Editor. Contiene: Jean L. Cohen, "Strategy or Identity: New Theoretical Paradigms and Contemporary Social Movements"; Charles Tilly, "Models and Reality of Popular Collective Action"; Alain Touraine, "An Introduction to the Study of Social Movements"; Alberto Melucci, ""The Symbolic Challenge of Contemporary Movements"; Claus Offe, "New Social Movements: Challenging the Boundaries of Institutional Politics"; Klaus Eder, "The 'New Social Movements': Moral Crusades, Political Pressure Groups, or Social Movements?". Ver, además, Ron Eyerman and Andrew Jamison, *Social Movements. A Cognitive Approach* (University Park, Pennsylvania: The Pennsylvania State University Press, 1991)

29 Martín Hopenhayn, *op. cit.*, p. 34.
30 Nelly Richard, "De la Rebeldía Anarquizante al Desmontaje Ideológico". *RCC*, N° 2, Año I, noviembre de 1990, pp. 6-8.
31 Hernán Vidal, *FPMR. El tabú del conflicto armado en Chile* (Santiago de Chile: Mosquito Editores, 1995)
32 Michael T. Klare and Peter Kornbluh, eds., *Low Intensity Warfare* (New York: Pantheon Books, 1988)
33 Charles R. Figley, ed., *Trauma and Its Wake. The Study and Treatment of Post-Traumatic Stress Disorder* (New York: Brunner / Mazel, Publishers, 1985), Vols. I and II.
34 Nelly Richard, "En Torno a las Diferencias", pp. 2-3.

JOSE JOAQUIN BRUNNER

José Joaquín Brunner es uno de los pocos sociólogos de la cultura en Chile, sin duda el más conocido y el de obra crítica más sostenida después del golpe militar del 11 de septiembre de 1973. Es, además, el intelectual que más ha usado el término "postmodernidad" como punto de entrada para la discusión del sentido de la cultura chilena y latinoamericana de las últimas décadas. Su nombre también se asocia con el de otros intelectuales socialistas reunidos en la Facultad Latinoamericana de Ciencias Sociales (FLACSO) —entre los más conocidos están Tomás Moulian, Manuel Antonio Garretón, Norbert Lechner, Augusto Varas— que desde el interior de Chile contribuyeron a la llamada "renovación socialista".

Los argumentos que siguen intentan dilucidar los modos en que se plasmó una de las sensibilidades sociales características de la transición chilena hacia la democracia. Para ello utilizo la obra de un intelectual de relevancia como José Joaquín Brunner. Captar esa sensibilidad serviría de índice testimonial para siquiera atisbar los recursos espirituales usados por un sector de la intelectualidad de Izquierda para superar el profundo desgarro existencial que sufrió luego de la catástrofe de la Unidad Popular en 1973. En este sentido, los términos "catástrofe", "modernidad", "postmodernidad" y "renovación socialista" están estrechamente asociados. Fueron puntales en la apertura de un campo discursivo para la búsqueda de una nueva identidad política y de un nuevo sentido de la acción cultural para conducir a Chile a la redemocratización.

La historia de la renovación socialista se inició con la experiencia directa del modelo socialista soviético por una parte de la dirigencia del Partido Socialista que inició su exilio en la antigua República Democrática Alemana. Esa experiencia provocó dudas en cuanto a que ese modelo fuera realmente la utopía política deseable para Chile y Latinoamérica[1]. Su desilusión fue una de las causas que llevó a la división del Partido Socialista y a la liquidación de la Unidad Popular como entidad agrupadora de la oposición antimilitar de Izquierda. Luego de trasladarse a Holanda, la dirigencia rupturista promovió el debate para cuestionar la asunción exclusivamente bolchevique del marxismo por las Izquierdas en Chile. La crítica finalmente terminó en el desahucio de puntos claves del leninismo —los imperativos de la conquista militar del Estado encabezada por un partido de vanguardia proletaria para iniciar la marcha al socialismo seguida por la estatización de los medios de producción y, por último, la estabilización del socialismo con la administración centralizada de la economía.

Ya a comienzos de la década de 1980 los intelectuales socialistas renovados discutían la posibilidad de formar un nuevo bloque de poder hegemónico con la Democracia Cristiana. El objetivo era restructurar las relaciones políticas chilenas a largo plazo, quebrando la segmentación del espectro político en Chile. Tradicionalmente la ciudadanía se había dividido en un tercio de adherentes a los partidos de derecha, un tercio de adherentes a los partidos de centro (particularmente la Democracia Cristiana) y otro tercio adherente a la Izquierda hegemonizada por el Partido Comunista. Se buscaba asegurar una transición no violenta a la democracia, dado que el Partido Comunista había integrado la acción armada en la lucha antifascista. El socialismo renovado rechazaba esta opción puesto que el choque con Fuerzas Armadas profesionales, de fuerte cohesión ideológica y bien equipadas resultaría en masacres innecesarias.

Por otra parte, la alianza socialista con la Democracia Cristiana implicaba una revalorización positiva de ciertos aspectos del capitalismo y el convencimiento de la necesidad de dar una lucha política e ideológica desde el interior del sistema cuando ya se avizoraba que la transición a la democracia ocurriría dentro de los marcos de la política económica neoliberal impuesta por el gobierno militar. Los socialistas esperaban que su participación en el nuevo gobierno democrático les permitiría paliar los efectos sociales más brutales de la economía neoliberal —alta tasa de desempleo, marginación y falta de servicios sociales en amplios sectores de la población chilena.

En el Chile posterior al golpe militar de 1973 la derecha económica neoliberal había monopolizado el concepto de modernidad. Abandonando su reaccionarismo oligárquico, bajo el alero de la dictadura la derecha finalmente había logrado la modernización capitalista chilena mediante el librecambio. Sin embargo, sólo la logró mediante el terrorismo de Estado. Los socialistas renovados decidieron dar una lucha ideológica por la reapropiación y reorientación del concepto de modernidad apelando a precedentes históricos en la política de las Izquierdas chilenas[2]. Había sido la Izquierda la que, desde fines de la década de 1930, había dado el primer impulso hacia la modernización, pero mediante gobiernos democráticos. El Frente Popular, coalición de gobierno de partidos de centro y de Izquierda, de amplio pluralismo ideológico, había sentado las bases para la industrialización sustitutiva de la importación en Chile luego de una cruenta dictadura militar y ante la oposición de la derecha económica de la época. La organización de los servicios sociales prestados por el Estado, principal gestor del desarrollo nacional, había mejorado el estandard de vida de la población como para transformar a Chile en una sociedad de masas. De esa época arrancaban los índices característicos de la modernidad — aparatos masivos de educación, salubridad, seguro y bienestar, comunicación y transporte altamente diversificados y de gran capacidad de integración. Una alianza socialista-demócratacristiana podría reeditar esos logros amortiguando los aspectos "salvajes" de la modernidad neoliberal.

Por otra parte, en la experiencia de la Izquierda internacional también había antecedentes para avalar una alianza con la Democracia Cristiana. Estaba la política del Partido Comunista Italiano (PCI) luego de la Segunda Guerra Mundial. La adhesión del PCI al concepto gramsciano de lucha por una hegemonía democrática amplia, flexible y pluralista había permitido la cooperación con la Democracia Cristiana para neutralizar todo posible resurgimiento del fascismo. Siguiendo este ejemplo, la Izquierda chilena solucionaría los tres grandes errores de su pasado —el primero, su incapacidad de producir un discurso cultural que interpelara a la totalidad nacional (no exclusivamente al proletariado) para la profundización de la democracia; el segundo, haber menospreciado la democracia burguesa y la producción cultural como valores en sí, reduciéndolas a meros espacios de maniobra estratégica en la marcha hacia la verdadera democracia, es decir, la imposición de la dictadura del proletariado; tercero, su tendencia a aislarse como subcultura.

Puesto que la crítica del socialismo renovado estuvo dirigida tanto hacia el neoliberalismo como hacia la Izquierda "tradicional" —la que rehusaba abandonar el leninismo— es posible comprender que el uso del concepto "modernidad" era la búsqueda de un espacio crítico intermedio, de perspectivas más amplias que la confrontación dualista de los idearios procapitalistas y prosocialistas. Un hecho histórico era claro: tanto el capitalismo liberal como el modelo de sociedad socialista soviético tuvieron un origen común en las utopías sociales racionalistas y modernizadoras de la Ilustración en el siglo XVIII. Por tanto, la crítica de la modernidad es un acto de eficiencia en cuanto a que un mismo argumento analítico construye un escenario que afecta simultáneamente a ambos sistemas sociales.

Sin embargo, no debe perderse de vista que, al disputar a la derecha económica el origen de la modernidad chilena, el socialismo renovado también asumió la incomodísima responsabilidad de sus aspectos sociales más negativos. Es por esta razón por la que José Joaquín Brunner busca distanciarse echando mano del término "postmodernidad" como espacio heurístico situado en fricción con el de "modernidad". Esto implica que, a diferencia de intelectuales que se abanderan decididamente con el término "postmodernidad", Brunner más bien lo utiliza como un arbitrio dialéctico para volver un ojo crítico sobre la modernización latinoamericana, planteando, a la vez, una nueva plataforma política:

La discusión de la postmodernidad tiene en América Latina la importancia decisiva de ofrecernos nuevas formas de analizar la modernidad en que estamos inmersos [...] No creo que necesitemos, para eso, 'hacernos postmodernos', como quien se pone un nuevo traje intelectual y sale por las calles a descubrir que en la periferia la modernidad ha sido siempre postmoderna. Sería demasiado cómodo proceder así[3].

En última instancia este arbitrio heurístico tiene una doble consecuencia: por una parte Brunner descarta el significado del término "postmodernidad" como superación de la "modernidad", puesto que en Latinoamérica ésta es un estadio alcanzado, aunque no del todo profundizado; Brunner más bien restringe el significado de la "postmodernidad" a la aceleración de las bifurcaciones institucionales en la producción cultural como consecuencia de las racionalizaciones modernizadoras. No obstante, debe considerarse que la relación de Brunner con el concepto "postmodernidad" puede hacerse ambigua ya que, en algunos momentos, pierde su neutralidad heurística para convertirse en un estadio cultural simultáneamente deseado y temido.

José Joaquín Brunner ha argumentado la contraposición modernidad-postmodernidad especialmente en una serie de ensayos sociológicos escritos entre 1985 y 1988, coleccionados finalmente en una edición de 1988 titulada *Un espejo trizado*, publicada por FLACSO; hay, además, otros ensayos mimeografiados individualmente en la Serie Educación y Cultura de esa institución[4]. Fueron escritos con diferentes propósitos: en polémica con intelectuales favorables al régimen militar, en polémica contra la Izquierda "tradicional" y también como divulgación del proceso de creación de una plataforma de política cultural para el socialismo renovado.

Por sobre todo, *Un espejo trizado* tiene una intención testimonial: reunir escritos dispersos para dar cuenta de la búsqueda de un camino intelectual cuando las grandes certidumbres que en el pasado sostenían a la Izquierda ya parecían caducadas, mientras que, a la vez, el nuevo camino apenas se vislumbraba. Por ello es que todos los ensayos reiteran un nucleo fundamental de ideas sin refinarlas como producto finalmente dilucidado. Las reiteraciones revelan convicciones abstractas no validadas en la empiria. En este contexto se comprende que algunos de los ensayos más importantes resulten ser demasiado cortos, en que ideas complejas son comunicadas en un espacio extremadamente compacto. Por tanto, el lenguaje es, a veces, inevitablemente oscuro. Brunner intenta solucionar este inconveniente con referencias frecuentes y lacónicas a la bibliografía asociada con la crítica contemporánea de la modernidad —Marshall Berman, Daniel Bell,

Jürgen Habermas, Braudillard, Foucault, Eco, Vattimo— como si se quisiera ahorrar tiempo remitiendo al lector a un cuerpo de ideas ya elaboradas por otros. De este modo José Joaquín Brunner se transforma a sí mismo en uno más de los espejos instalados en el laberinto de espejos que congrega bajo el título de *Un espejo trizado*.

El estilo expositivo de José Joaquín Brunner es óptimo para la tarea de perfilar el sistema simbólico con que un intelectual representativo asumió los sucesos que llevaron a la derrota de la Unidad Popular y, posteriormente, a la redemocratización de Chile. Los silencios, las opacidades, las abruptas aposiciones de ideas, los movimientos argumentales no perseguidos en todas sus consecuencias ni solucionados en la ilación de todas sus propuestas hacen de este estilo un rico y complejo campo metafórico. José Joaquín Brunner solucionó sus discontinuidades discursivas con constantes metaforizaciones y con el uso frecuente de íconos culturales de la tradición europea para denotar un temple de ánimo nihilista. Aquello que no amarra con metáforas e íconos conscientemente utilizados queda sujeto a analogías que el lector puede discernir fácilmente. Se puede afirmar que este campo simbólico subyace a corta distancia de la superficie de las categorías racionales con que Brunner intenta desarrollar su discurso sociológico. Nos interesa captar las consecuencias éticas de ese campo simbólico como manifestación de una poética de la acción humana en su contexto histórico.

Metodológicamente esto requiere lecturas reconstructivas que, por sobre todo, presten atención a esa subliminalidad metafórica para ordenar los términos de su teatralidad y exhibirla claramente a la mirada estética. Esto lo haré en dos movimientos arqueológicos. La Reconstrucción Primera está orientada por una evidencia patente: José Joaquín Brunner ha sustentado sus argumentos utilizando el trasfondo de la Teoría de la Dependencia. En repetidas ocasiones usa los términos "dependencia" y "dependiente". Sin embargo, sobre la Teoría de la Dependencia instala el concepto de "modernidad" tomado de Jürgen Habermas, oscureciendo la presencia de esa teoría y, de hecho, destrozándola. Ello plantea la necesidad de dilucidar los motivos para ese desplazamiento. El lector podrá observar que la importancia de este primer momento arqueológico está en que revela una ontología del ser latinoamericano y una concepción de la razón y las pasiones que prepara el camino para la Reconstrucción Segunda. Esta intenta aclarar aún más el perfil de esa concepción ontológica imputándole una ética estoica que la refiere a la filosofía política originada en la antigüedad griega y romana.

Puesto que se trata de momentos arqueológicos, las dos lecturas deben ser entendidas como estratos que se superponen en un movimiento que va desde una posición cercana a la superficie racional del discurso de Brunner para luego descender a la sensualidad de su sentido metafórico y simbólico más profundo. Dada esta superposición, el lector podrá observar una serie de reiteraciones y paralelos analógicos entre las dos lecturas; ello refuerza los resultados interpretativos de cada estrato. No debe sorprender que, como consecuencia de estos pasos, José Joaquín Brunner pueda ser identificado como un neoestoico: tal como ocurriera en la época de los estoicos originales, todos hemos vivido en el presente las grandes derrotas del movimiento progresista internacional en el contexto de las relaciones imperiales.

Como preparación para la Reconstrucción Primera se hace necesario repasar algunos antecedentes sobre la Teoría de la Dependencia. Hasta comienzos de la década de 1970 los teóricos de la Dependencia se habían estado preocupando de diagnosticar las razones del fracaso de la industrialización sustitutiva de la importación en Latinoamérica, iniciada en la década de 1940[5]. En la lógica de la economía política prevaleciente hasta entonces, la producción dentro de los territorios nacionales de algunas de las manufacturas tradicionalmente importadas auguraban la modernización autónoma de la región. Ello implicaría el fortalecimiento de clases empresariales, financieras, profesionales, técnicas y proletarias que responderían mejor a necesidades locales del desarrollo social y económico. Ya hacia mediados de la década de 1950, sin embargo, tal proyecto se había agotado por la escala menor de las economías de cada país y la limitación financiera para la expansión y renovación tecnológica, de los procesos de producción y de marketing. Peor aún, se achacaba a los mismos logros de la industrialización un aumento de la vulnerabilidad de las economías nacionales por la dependencia de fuentes externas para obtener los insumos necesarios, la renovación de equipos y el pago de patentes y licencias.

Durante la década de 1960 esa vulnerabilidad había aumentado con la penetración de los conglomerados transnacionales convocados por la Alianza para el Progreso. En esa época los conglomerados transnacionales ya habían tomado posesión de los servicios públicos más rentables y de las actividades industriales, comerciales, mineras y agrícolas más dinámicas de cada país. Esto había minado la efectividad de iniciativas tales como el Pacto Andino y el Mercado Común Centroamericano para ampliar la escala de las economías. La penetración de los conglomerados transnacionales había desvirtuado el ideal de una acumulación nacional de capital. Había dirigido su flujo más significativo hacia el exterior, manteniendo y profundizando el subdesarrollo latinoamericano.

Para los teóricos de la Dependencia el fracaso de la industrialización sustitutiva de la importación implicaba la necesidad de cambiar los marcos analíticos e interpretativos de la política económica. Por ello descartaron el enfoque de las economías nacionales como unidades de análisis autónomas e independientes de la economía internacional. Lo reemplazaron por la noción de la economía capitalista como sistema global y totalizador, dentro del cual las economías nacionales funcionan como subsistemas integrales. La relación entre los subsistemas y el sistema global es dictada por la lógica de la economía transnacional, la cual integra selectivamente a las economías locales de acuerdo con sus imperativos de financiamiento, producción, circulación, administración y necesidad de cohesión y coordinación política, militar y diplomática. En esta nueva lógica teórica, por tanto, los Estados-nación bien aparecían amenazados en su soberanía o como meras instituciones habilitadoras o garantizadoras del influjo económico foráneo .

Los teóricos de la Dependencia sindicaban a los conglomerados transnacionales como las agencias centrales del dinamismo capitalista contemporáneo. Capacitados por su red internacional de subsidiarias y sus sistemas privados de comunicación y transporte, los conglomerados transnacionales extraen, movilizan y transfieren capitales y recursos financieros y técnicos más allá de todo control de los Estados nacionales, en cantidades aún más vastas de los que estos disponen. Con su planificación productiva, con el control del sistema financiero y de las importaciones y exportaciones locales, los conglomerados transnacionales afectan los intereses más vitales de las poblaciones y de los Estados nacionales, sin que éstos tengan acceso cabal a un conocimiento o entendimiento de los procesos científicos y tecnológicos involucrados, ni capacidad efectiva de intervención o negociación que capten recursos para el desarrollo y bienestar locales.

Los teóricos de la Dependencia discutían las consecuencias sociales y culturales de la inserción de las economías nacionales en el sistema transnacional de acuerdo con tres categorías centrales, según una concepción marcadamente topográfica —*polarización* y *marginación* social y cultural; *desintegración nacional*. Las dos primeras reflejan los efectos de la integración vertical de las subsidiarias con los conglomerados y su limitado engranaje con el resto de la economía local. Con la vastedad, modernidad y eficiencia de sus recursos y su tendencia oligopólica, los conglomerados transnacionales llegan a un rápido control de los mercados, arruinando a las clases empresariales, profesionales y técnicas nacionales independientes o absorbiéndolas dentro de su aparato administrativo. Además, dada la eficiencia técnica de la producción, ésta requiere pequeños cuadros de administradores, técnicos y trabajadores, con lo que los conglomerados transnacionales indirectamente crean un alto desempleo que afecta a todas las clases sociales. Los capitalistas nacionales arruinados pierden gravitación como líderes en el proceso de acumulación de capital; los profesionales, técnicos y trabajadores pasan a formar una masa de personas permanentemente desempleadas o subempleadas. Esta polarización social queda complementada con una polarización cultural, por cuanto los ingresos de aquellos sectores integrados a la producción transnacionalizada les permiten una educación y un estilo de vida que hace de réplica del consumismo en los países capitalistas más avanzados. La modernidad del aparato productivo y la diferencia de estilos de vida son fácilmente perceptibles en los espacios en que se los localiza — la funcionalidad de los modernos estilos de construcción extranjeros contrasta con los edificios decrépitos de la industria nacional y las condiciones de vida paupérrimas de la población marginalizada en los alrededores de las grandes ciudades. Por tanto, la cultura de quienes están integrados al sistema transnacional tiene poco que ver con la cultura de la mayoría de sus connacionales. Con un duro juicio moral, los teóricos de la Dependencia los llamaron "la quinta columna", "la no-nación".

La movilización política de los sectores sociales afectados inevitablemente debía llevar a una pérdida de consenso ideológico en la convivencia nacional, a violentas confrontaciones y a una pérdida de legitimidad de las instituciones políticas que garantizan la ingerencia de los conglomerados transnacionales en el territorio y la cultura nacionales. Los teóricos de la Dependencia designaron esta situación como estado de desintegración nacional. De allí que a través de Latinoamérica hubieran surgido diversas respuestas en busca de la reintegración nacional. Todas ellas privilegiaban el fortalecimiento de los Estados nacionales como alternativa de negociación con los conglomerados transnacionales o como vehículo de ruptura con el sistema capitalista e ingreso al socialista: la revolución cubana iniciada en 1959; en 1964, el comienzo del "desarrollo dependiente asociado" por parte del régimen militar brasilero, que orientó su política económica a un reconocimiento de la situación desmerecida del país frente a los conglomerados, intentando un acuerdo con ellos; en 1968, el populismo militarizado del Perú, que reformó el sistema de tenencia de la tierra con el propósito de impulsar el desarrollo industrial, limitando las áreas de la economía a que tendrían acceso los conglomerados; en 1970, el gobierno de la Unidad Popular en Chile, que buscó una transición pacífica hacia el socialismo; el golpe militar de 1973 que terminó con la movilización de masas y estableció el neoliberalismo como forma de inserción más amplia en el mercado internacional, fórmula también seguida por los regímenes militares de Bolivia, Uruguay y Argentina.

Los teóricos de la Dependencia eran economistas y sociólogos políticos que no desarrollaron las implicaciones culturales de sus planteamientos a nivel simbólico. Sin embargo, su retórica permite dos inferencias de importancia. La primera, y fundamental, es que consideraron las diversas respuestas políticas ante el fenómeno de la desintegración nacional como manifestaciones de nacionalismo, bien fueran capitalista-reformistas, socialista-reformistas o revolucionarias. En el trasfondo se atisba, por ende, una concepción de las culturas nacionales como organismos poseedores de un ethos que busca sobrevivir a través de crisis catastróficas. El poder social dominante, a través del aparato educativo estatal, ha logrado la supervivencia y continuidad de ese ethos y ese espíritu mediante la trasmisión de narrativas maestras de identidad nacional. Ellas introyectan psíquicamente la lealtad colectiva hacia el Estado como depositario de una experiencia histórica única, conformadora de un "nosotros" diferencial. Se construye así una noción de sacralidad administrada por el Estado que homologa una teología. El poder ideológico del Estado-nación y de la Iglesia otorgan a la ciudadanía la categoría de "pueblo de Dios" y designan efemérides para la realización de actos rituales en que se reactualizan los mitos nacionales. Configurada una tradición de lealtad al Estado, se celebra el bien encarnado en el "buen ciudadano" y se anatemiza el mal encarnado en el "mal ciudadano", el "criminal" y el "traidor" —la "no-nación".

De acuerdo con la evolución sociopolítica de cada país, la voluntad de supervivencia nacional se encarnaría en diversos sectores sociales e individuos que instrumentalizarían los discursos ideológicos como utensilios para ese efecto. Es claro que los teóricos de la Dependencia no tuvieron una actitud de reduccionismo proletarista ante el uso de los diversos discursos ideológicos en las respuestas reintegradoras de la nacionalidad: el Che Guevara y los hermanos Castro optaron por el marxismo-leninismo aunque procedieran de estratos medios elevados, del mismo modo como las jerarquías militares, procedentes de las clases medias bajas, optaron por discursos conservadores y reformadores del sistema capitalista.

La segunda inferencia apunta al sentido moralista implícito en la definición de una situación de dependencia. Esa definición da al nacionalismo un tono teológico-moral. Aunque hubo diferentes énfasis y estrategias conceptuales entre los diversos teóricos de la Dependencia, todos ellos coincidieron en una definición fundamental: una sociedad es dependiente cuando las dinámicas de cambio a nivel económico, social, político e ideológico no responden a necesidades internas, sino a imposiciones o incitaciones de potencias foráneas que han integrado a esa sociedad a su esfera de influencia económica, militar y diplomática. El término clave de esta definición está en la palabra "necesidades", que remite a la antropología marxista: los seres humanos construyen la civilización y su conciencia de la historia en la praxis de transformación de la naturaleza en cultura para satisfacer necesidades materiales y espirituales históricamente condicionadas. Por tanto, a nivel simbólico, la Teoría de la Dependencia canalizó sus argumentos para demostrar que Latinoamérica no tenía una historia "verdadera", "auténtica" en la medida en que la praxis de autorreproducción de esas naciones no respondía a necesidades autónomamente definidas sino impuestas.

El aspecto teológico-moral del discurso de la Teoría de la Dependencia podía tomar un cariz francamente redencionista y mesiánico: quien asumía sus postulados se sentía arrastrado por una urgencia inmediata de movilizarse políticamente para terminar con ese orden de cosas. Entre otros índices, esto explica la enorme influencia que tuviera el uruguayo Eduardo Galeano y su obra *Las venas abiertas de América Latina* (1973), la primera en divulgar una interpretación dependentista de la historia continental. Ese teologismo moralista, redencionista y mesiánico proveyó un espacio para el encuentro y el diálogo entre marxistas y marxistas-leninistas — en esa época catalogados respectivamente de ultraizquierdistas cubanistas o "gradualistas" de orientación soviética— con cristianos. En Chile ese espacio intelectual llevó al movimiento de Cristianos por el Socialismo, a la influencia alcanzada por la Teología de la Liberación, a la formación de partidos políticos como el Movimiento de Acción Popular Unitaria (MAPU) y la Izquierda Cristiana y a la constitución de la Unidad Popular.

Como quedó dicho, José Joaquín Brunner organiza sus argumentos poniendo la Teoría de la Dependencia en el trasfondo e instalando en el primer plano el concepto de "modernidad" tomado de Jürgen Habermas:

En la modernidad, uno de los principios de creatividad —
de liberación de energías que transformaron la cultura—

fue, como lo demuestra Habermas, la separación de las esferas de la ciencia, la moral y el arte del ámbito de las justificaciones religiosas y metafísicas y su conversión en dominios esotéricos de expertos, proceso que resultó, a la postre, en una penetración de esas esferas por la racionalidad económica y administrativa, racionalidad por completo distinta de aquella que rige la trasmisión y reproducción de valores y normas [6].

Con esta racionalización, la producción simbólica en la "cultura occidental" es llevada a escala planetaria —ya sea en los sistemas capitalista o socialista. Así queda alienada de las "tradiciones" comunitarias y se descentra hacia aparatos técnico-burocráticos cuyos "códigos artificiales" se conectan con la comunidad más bien a través de "formas de consumo" que crean "estilos de vida en torno a las maneras típicas de integración / exclusión en los mercados segmentados de bienes simbólicos" (p. 248). La modernidad queda caracterizada, por tanto, con las categorías de secularización, especialización, diferenciación, pluralización, tecnocratización, fragmentación y heterogeneidad que, sin embargo, se mantienen unificadas bajo un sistema de administración social científica. Esas categorías configuran, además, un mundo "desencantado" en la medida en que la religión y la fe ceden paso ante el cálculo de eficiencia en la inversión de recursos, productividad y réditos en la administración social.

Así llegamos a un punto neurálgico en la estrategia discursiva de José Joaquín Brunner. Mientras la Teoría de la Dependencia recalcaba la existencia de serias discontinuidades, desigualdades y desbalances sociales, demandando explícita o implícitamente una rectificación que resultara en una continuidad homogénea y en el término de las injusticias, el uso del término "modernidad" las acepta como consecuencia inevitable e ineludible, determinada por la objetividad del transcurso historico. En lo que respecta a Latinoamérica, Brunner plantea que la condición de modernidad sólo se alcanzó en el continente a partir de la década de 1950, sobre la base del desarrollo capitalista, la expansión de los mercados internacionales y, por tanto, con la centralidad y supremacía del valor de cambio. Sólo desde esa época ya es obvia la transformación de nuestros países en "sociedades de masas" —índice esencial de la modernidad— con alta inversión pública y privada en enormes sistemas educacionales, de salubridad, asistencia social y comunicaciones que alcanzan a la mayoría de la población. Esta masificación de la cultura hace que la heterogeneidad racial, étnica y de clase se articule en Latinoamérica como un "pastiche o collage cultural": "esto es, una configuración heteróclita de elementos tomados virtualmente de cualquier parte, pero siempre fuera de su contexto de origen [...] Imitación, mímica de estilos y formas, de valores y contenidos, hecha seriamente, sin pretensión de parodia o ironía, sin distancia, sino como única forma de participar en una experiencia (la modernidad) que viene impulsada por el mercado y por el poder, por la difusión de modelos de necesidad y de consumo" (p. 198). Brunner reemplaza la noción de dependencia por la de modernidad y la usa como martinete para destruir sistemáticamente las utopías de la Teoría de la Dependencia.

Reconstrucción primera: La vida es pesadilla

Captar una poética de la acción humana a través de textos escritos implica atribuirles la representación de una teatralidad social. Esta debe considerar la identificación de ciertos actores privilegiados, un espacio acotado simbólica y metafóricamente para su acción, un proyecto para ser actuado, máscaras que los actores deben jugar según la lógica funcional dictada por el proyecto, un programa de emociones con que los actores deben asumir sus máscaras, sus desplazamientos por el espacio y los cambios de personalidad requeridos en este transcurso. Estas emociones tienen una ilación retórica en un relato continuo cuya lógica busca efectos emocionales sobre los espectadores-lectores, también en respuesta al sentido del proyecto enunciado. Así surgen los géneros retóricos de la acción humana llamados tragedia, melodrama, comedia, farsa, romance, etc[7].

José Joaquín Brunner imagina la sociedad chilena como un escenario teatral en que los seres humanos deben constituirse, individual y colectivamente, como actores en un espacio acotado por una extrema violencia, profundas dislocaciones de sentidos y significaciones y de confusas reorientaciones normativas de la acción humana:

...en menos de tres décadas, tres intentos revolucionarios al hilo. Grandes planes, magníficas utopías, sueños de transformación y, como resultado, una sociedad enconada, dividida, vulnerable, desconcertada, pesimista, llena de temor frente a su propio futuro. Impaciencia, excitación, vehemencia de la política. La sociedad entendida como una materia moldeable, siempre dispuesta a seguir el carisma de sus líderes, objeto de la imaginación de los ideólogos o, en el peor de los casos, sometida a la fuerza de los aparatos militares. La política desesperada que, entonces, llega a jugarse en el borde de la muerte. Voracidad de la política que lo engulle todo y tras la cual todos buscan protección o justificación: por igual empresarios, intelectuales, universidades, sindicatos, organizaciones sociales, clérigos, las Fuerzas Armadas. (p. 33)

Con estos juicios Brunner se refiere a las iniciativas comunitaristas del gobierno demócratacristiano del Presidente Eduardo Frei (1964-1970); a la búsqueda de la transición pacífica hacia el socialismo por el gobierno de la Unidad Popular y del Presidente Salvador Allende (1970-1973); y la reorientación neoliberal de la acumulación de capital en Chile, luego del golpe militar del 11 de septiembre de 1973. Con sus juicios, Brunner sin duda hace referencia a que estas aspiraciones a la racionalización científica de la sociedad finalmente resultaron en una "pesadilla" de la razón, lo cual merita una crítica de la modernidad. Esto es lo que permite la contraposición crítica del término "postmodernidad".

Se trata, entonces, de una configuración espacial de la sociedad en que la continuidad del tiempo aparece alterada por catastróficas rupturas. Por ello la construcción social ha dejado de ser espacio para la humanización de los seres humanos, habilitado por el trabajo de generaciones que se legan mutuamente los frutos de sus sacrificios para la afirmación y manifestación plena de la vida y de sus dignidades. Si la continuidad de la vida está asociada con el bien y la sacralidad, con espacios en que el deseo, la salud, el bienestar no tienen obstáculos imposibles para aposentarse, aquí nos encontramos ante una distopía configurada para privilegiar la muerte, para desalojar el deseo, para instalar la enfermedad y la desazón, distopía permeada, por tanto, por lo maligno y lo satánico. Así es como Brunner, apelando a la autoridad de Lacan y Francis Bacon, concibe la sociedad como un escenario teatral demarcado por espejos infinitamente "trizados", "desiguales", "contrahechos" por los conflictos sociales. Sobre ellos los seres humanos proyectan las alucinaciones y las imágenes distorsionadas de sus deseos malogrados, de sus pasiones, de los sueños o pesadillas de su razón. Los espejos reflejan odios "enconados", "temor", "divisiones", "pesimismo", "desconcierto", sentimientos de "vulnerabilidad".

Esta sensación de incapacidad de la especie para habitar humanamente su espacio es aumentada por la caótica circulación de infinidad de mensajes, con innumerables formas y contenidos. La turbulencia de este torbellino de ilusiones proviene de las industrias culturales transnacionalizadas: la liviana —"televisión, divulgación, lectura veloz, fotografía instantánea, diccionario de citas, ready made, escritura en serie, arte ocasional, religiones terapéuticas" (p.27)—; la pesada —"aquélla de las ideologías de larga duración: religiones milenarias, obras clásicas, educación formal, tabúes y sentido de culpa, autoridad, belleza, metodología, saber acumulado" (p. 27)—. La fluidez de esos espejismos en el desierto apabulla a los seres humanos como sentidos "adueñados" por el poder. Este pone en circulación ideologías "quebradas", "yuxtapuestas", "entrecortadas", "deshilachadas" que los seres reciben, aceptan, reelaboran y retransmiten a sus semejantes. Estas son máscaras con que el poder incita a los seres para que construyan para sí identidades irremediablemente menoscabadas.

Por efecto de esas significaciones turbulentas y caóticas lo real es vaciado de solidez y queda reducido a un infinito e ilusorio juego de permutaciones de ideologemas e íconos interpretativos de la cultura. Casi como en una letanía, en diversos lugares Brunner repite una frase usada por Marshall Berman: "todo lo que es sólido se desvanece en el aire". Apoyándose en Foucault, Brunner insiste: "La interpretación no se puede acabar jamás, una vez que el espejo de la cultura se ha trizado irremediablemente y que no hay, por tanto, una unidad que recomponer. Incluso más: 'no hay nada absolutamente primario para interpretar porque en el fondo ya todo es interpretación, cada signo es en sí mismo no la cosa que se ofrece a la interpretación, sino la interpretación de otros signos'" (p. 21). Más aún, Brunner utiliza a Braudillard y su concepto de "implosión" de los signos, expandiendo la metáfora del escenario de los espejos hasta alcanzar un significado cósmico: ahora el universo de la cultura se ha convertido en una masa de antimateria que entra en colapso sobre sí misma y, en su extrema condensación, impide que escape "la luz" racionalista del entendimiento. Ya nada tiene sentido. La cultura se transforma en fantasmagoría sustentada en la nada.

En este espacio de alienación de la vida y de nihilismo extremo no son los seres humanos quienes realmente se expresan. Sólo habla la maquinaria "voraz de la política" que funciona tanto para "engullir" seres como para proteger a quienes le rinden pleitesía. Detrás de la máquina devoradora y de los espejos trizados se enmascaran los ídolos de Bacon —los ídolos de la tribu, de la caverna, del foro, del teatro—. Al hablar ellos crean la ilusión más perversa de todas —el nacionalismo— puesto que es éste quien entrega a los seres humanos ciegamente al "carisma de los líderes", generando la violencia, la alienación humana y los disvalores que suspenden el reino de la vida:

Son ellos, por tanto, los ídolos del espejo. El entramado de la cultura en que nos reconocemos como figuras colectivas, como una identidad nacional. Nada en ésta responde, en verdad, a la realidad de las cosas; es íntegramente una 'construcción social'. Es el resultado de ideologías, de proyectos desencontrados, de interpretaciones posibles, del poder de que puedan estar revestidas las palabras con las que nombramos un 'alma nacional', una 'historia patria', una 'loca geografía', una 'raza chilena', nuestros ancestros; incluso la patria es sólo un símbolo destilado sobre el espejo en que buscamos la imagen de un hogar, sus proporciones, su bandera, sus canciones; un modo de ser propio en la historia" (p. 19).

Los seres humanos se han convertido en monigotes que

reproducen la voz de los ídolos ventrílocuos.

Con su nihilismo y su desahucio de las identidades nacionales Brunner ha dado un paso inusitado para un cientista social: ha renunciado al entendimiento materialista de que los Estados-nación son resultado de *actos reales* que, para los seres ubicados más tarde en el transcurso temporal, tienen aspecto de sino o destino inamovible, dentro de cuyos parámetros están obligados a actuar. De hecho, esos actos, efectuados con el propósito consciente de llegar a la construcción de una nación, más tarde fueron expresados en los múltiples sentidos otorgados por la población a las narrativas maestras de identidad nacional como índices de conflicto ante los poderes dominantes. En su evolución, esos sentidos también son inamovibles e inapelables. La ciencia social no puede sino reconocerlos como determinismos y comenzar a elaborar su discurso sobre las acciones humanas posibles o deseables a partir de ellos. Al desahuciar el nacionalismo Brunner desahucia buena parte de la acumulación histórica de sentidos.

Detengámonos un momento en el concepto de "construcción social". Dentro de la sociología constructivista este término más bien tiene un significado neutro, puesto que la cultura, en general, es producto de un trabajo humano orientado por necesidades y fines sistémicos específicos. En última instancia, toda construcción social puede ser signada por el bien o por el mal, dependiendo de subjetividades que expresan juicios inmediatos, a corto plazo, o del juicio ya más objetivo que evalúa consecuencias ya concretadas a largo plazo. Sin embargo, en cuanto al significado del nacionalismo como construcción social, Brunner lo descarta del todo. Le da un sentido absolutamente negativo, cercano a lo mañoso, a la manipulación ideológica, porque ha sido producto de intelectuales que, asentados en esencialismos ontológicos ilusorios, motivan apasionamientos políticos. Estos apasionamientos demuestran que los seres humanos todavía están apresados dentro de una tradición oligárquica decimonónica profundamente moralista, impropia del cálculo frío de la administración de la modernidad real en que vivimos:

Más que una nación somos un territorio de imágenes nacionales contrapuestas, una idealización de nuestros pro-

yectos, una competencia de utopías. País de letrados e ideólogos, de juristas y comunicadores, de legisladores e intelectuales que soñamos con imponer, cada grupo o partido, cada escuela o secta, su propio 'modelo de país'. País de escasa materialidad, bautizado mil veces por la palabra más que transformado por la mano y la máquina, país sacramental antes que productivo, de gestos y rituales más que de empresas e instrumentos. (p. 61)

Este tipo de juicio condenatorio se reitera en diversos lugares. Es preciso captar sus variaciones porque en el trasfondo está la condena a una supuesta irresponsabilidad de las castas políticas. Ellas arrastraron a las confrontaciones sociales que terminaron con la antigua democracia chilena. Sacrificaron a la población en respuesta a elucubraciones de biblioteca, sin enfrentarse a la realidad, en aras de un ídolo ilusorio:

Chile, como nación, no existe en verdad: existen los varios Chiles alternativos de las corrientes ideológicas más coherentes. La nación no tiene lugar; priman las utopías de país que somos capaces de imaginar alternativamente. Incluso, aquí nadie habla a nombre del país. ¿Cómo podría hacerlo? El país de los chilenos no es una realidad concreta, es una opción moral. A nadie le interesan demasiado la industria, el mar, las carreteras, la agricultura o la ciencia como entidades concretas que han venido desarrollándose lenta y dificultuosamente bajo el control de la propia economía, política, cultura. Lo que interesa son los modelos mediante los cuales se pueden imaginar esas realidades; lo que se exige a cada grupo político, académico, ideológico, es su propio modelo alternativo de ciudad, de escuela, de municipio, de hospital, de vivienda social. (p. 144)

Con todo esto no queda sino concluir que nos encontramos ante una revuelta nietzschiana contra la historiografía.

En los argumentos postmodernistas esa revuelta se encarnó en el desconstruccionismo de Jacques Derrida y su desautorización de la presencia de subjetividades actuantes en la historia detrás de todo texto escrito. Brunner se acerca a esta proposición. Para Derrida sólo en la cercanía personal de la oralidad podemos validar esa presencia. Pero esas presencias ya no existen, son sólo fantasmas. La gramatología de la palabra escrita convierte al texto en un ícono que circula y flota libremente, que el receptor-consumidor puede considerar como artefacto válido nada más que en sí mismo, que puede interpretar y reinterpretar infinitamente, según su capricho. Con esto Brunner ha hecho tabla rasa de la historia chilena entendida como arqueología de textos legados de generación en generación, de "padres" a "hijos" en la "familia chilena". De hecho, en la totalidad de sus escritos Brunner cita sólo a un historiador chileno, Gonzalo Vial, persona de ancestro oligárquico que también en sus escritos pone en tela de juicio el sentido de la historia hegemonizada por los suyos. Figurativamente esto equivale a declarar que se reniega de la familia, de nuestra genealogía, que se acepta y aun celebra la muerte de nuestro ancestro: deseamos que se acabe y derrumbe todo lo que ellos fueron y todo lo que fuimos. Deseamos ser seres humanos sin ombligo. Deseamos nacer sin madre, lo que nos hace seres monstruosos que desean moverse en espacios en que nunca haya un centro, un mandala, un omphalos que dé un punto de referencia a nuestro ser. No obstante, aquí la celebración de la muerte sólo puede ser entendida como un ritual de pasaje hacia otra reencarnación, en que el peso de nuestros muertos y fantasmas no lastra nuestro cuerpo en marcha. Por ello es que, en este punto, Brunner se ve forzado a volver a un "punto cero" de la cultura, buscando un nuevo basamento ontológico para el ser social. Lo encuentra en el fondo de las trizaduras y fisuras del espejo, en la oscuridad, en la nada, en el vacío. Allí la identidad primigenia del ser latinoamericano aparece como un conjunto de cuerpos lacanianos inermes, anteriores a la etapa del espejo, anteriores a la entrada al orden simbólico, para "descubrirnos contrahechos, deformes, disparatados..." (p. 39). La esencia del ser chileno y latinoamericano es, por ende, la monstruosidad, la desviación de la norma humana.

Aunque Brunner nunca lo expresa claramente, este descenso a los orígenes del ser es presentado como paso fundamental para la reconstrucción de la cultura chilena luego de un período catastrófico. Esa reconstrucción demanda una catarsis absoluta, en que aceptemos de una vez por todas que, ya descartadas las máscaras y las ilusiones nacionalistas, la única "patria" que nos queda es el espacio de la modernidad. Con repeticiones que recuerdan jaculatorias y anatemas lanzados contra el mal, Brunner afirma esto como la premisa fundacional de todos sus argumentos sobre la cultura:

> *Postulamos que las culturas de América Latina, en su desarrollo contemporáneo, no expresan un orden —ni de nación, ni de clase, ni religioso, ni estatal, ni de carisma, ni tradicional, ni de ningún otro tipo— sino que reflejan en su organización los procesos contradictorios y heterogéneos de conformación de una modernidad tardía, construida en condiciones de acelerada internacionalización de los mercados simbólicos a nivel mundial.* [8]

Como corolario de la muerte del nacionalismo y acatando la "patria" modernista, Brunner está aun preparado a explorar con buen ánimo un problema que tan vigorosamente movilizara a los teóricos de la Dependencia —el de la desintegración de la soberanía de los Estados-nación— con el objeto de allanarse a la lógica bifurcadora de las diferentes prácticas sociales característica de la modernidad. Para los teóricos de la Dependencia más radicalizados, el afincamiento de los conglomerados transnacionales en los territorios nacionales implicaba su desmembramiento, por cuanto esas zonas se desconectan de la economía y de las necesidades nacionales para servir exclusivamente la lógica de la producción y el consumo externos. Se agregan a ello los perjuicios que pudieran darse con la destrucción física del entorno, la contaminación ambiental y las olas migratorias internas y externas de trabajadores requeridas por los espacios y calendarios de la producción transnacionalizada. Por tanto, los teóricos de la Dependencia visualizaban la destrucción total de un sentimiento de comunidad local y nacional como quien atestigua el descuartizamiento de un cuerpo querido y deseado. Como respuesta sólo quedaba la violencia revolucionaria.

Por el contrario, abandonado "el lastre" del nacionalismo, Brunner marcha en dirección centrípeta, exacerbando las tendencias a la desintegración nacional para encarar lo antes posible las consecuencias inevitables de la modernidad. No se trata solamente de que los conglomerados transnacionales dentro del territorio nacional puedan traer algún beneficio social. Más bien Brunner se obsesiona por un posible efecto apocalíptico puesto que la intervención exógena tal vez cree lógicas sociales locales que, al entrar en conflicto catastrófico entre sí, destruyan los remanentes de los Estados-nación. En este sentido Brunner incluso da un paso aún más radical. Señala que debemos tomar clara conciencia de las lecciones dadas por las dictaduras de la Seguridad Nacional —la administración de la modernidad en la periferia no necesita el consenso político total de la población. Basta la voluntad del poder dominante para aplicar la violencia disciplinaria que la habilite: "el tipo de sociedades que hemos caracterizado por un alto grado de heterogeneidad cultural mantiene y reproduce un grado de integración, pero sobre la base de consensos locales y parciales que sólo ocupan uno o unos pocos ámbitos diferenciados de la sociedad [...] El autoritarismo sería, entonces, una forma de 'gobernar', de controlar, esa pluralidad de consensos, cada vez que éstos tiendan a alinearse de manera catastrófica, polarizando a la sociedad" (p. 228). Así Brunner nos sugiere indirectamente que, si somos sabios y razonables, debemos consensualmente adaptarnos a la modernidad neoliberal y maniobrar para que sus efectos inevitables ocurran en cada país de manera menos represiva, descartando los derechos humanos civiles y políticos por ser una quimera: "Lo anterior llevaría por tanto a pensar nuestras sociedades sin consensos básicos, sin acuerdo sobre fundamentos, por tanto con escasa posibilidad (y necesidad) de pensarse como 'totalidades'; donde más que consensos se requiere organizar el conflicto y dar lugar a concertaciones de intereses; y donde más que recuperar un orden político legitimado por un núcleo de valores, se construya otro —necesariamente inestable— que refleje acuerdos sobre reglas de gobierno capaces de concitar respeto y de evitar la guerra de todos contra todos" (p. 228). Las consecuencias de este último argumento serán de enorme importancia para el surgimiento de un nuevo actor histórico en la ontología de José Joaquín Brunner: el tecnoburócrata que facilita esas concertaciones. Sin embargo, antes de abocarnos a ese problema todavía necesitamos despejar algunas cuestiones más fundamentales.

En la denuncia del nacionalismo encontramos, finalmente, las causas que llevan a Brunner a su opaca adhesión-rechazo de la Teoría de la Dependencia y destruirla introduciéndole el martinete de la noción de modernidad. Dos motivos se hacen patentes: por una parte, a través de los modelos y categorías de la Teoría de la Dependencia Brunner retorna al viejo tema que preocupara a la intelectualidad progresista de las décadas del '60 y '70: el de la "inautenticidad", la "distorsión" —por tanto, la *monstruosidad*— de la historia latinoamericana. En este tema Brunner encuentra un asidero existencialista, un fundamento ontológico irreductible e intransigente, para el ser latinoamericano. Por otra parte, —no olvidemos— busca deshacerse del teologismo moral y de las pasiones redentoras que inyectaran los fundadores de la Teoría de la Dependencia al tema del nacionalismo.

En última instancia, al desechar las pasiones del nacionalismo dependentista Brunner también rechaza la política como vehículo principal de esas pasiones. De este modo, el traslado de la crítica cultural hacia el concepto de modernidad pone a Brunner en una situación estratégica de horizontes extraordinariamente amplios para su nihilismo. Le permite desahuciar y poner en tela de juicio todo estilo político redencionista y dogmático (= postulante de verdades aparentemente inapelables), ya sea capitalista, socialista, religioso o ateo, que proponga la racionalización y la modernización de las culturas nacionales en nombre de esencialismos derechistas (el "alma nacional") o de la Izquierda secular o religiosa (el "espíritu de las clases populares"). Al buscar el enfriamiento de lo político, Brunner intenta calmar el ánimo para validar y legitimar como única alternativa política el concepto de "desarrollo dependiente asociado" esbozado por Fernando Henrique Cardoso. Según este concepto, desde la maquinaria estatal la tecnoburocracia puede llegar a alguna forma de negociación con los conglomerados transnacionales para la salvaguarda de algún grado de soberanía nacional, como lo demostraron las experiencias militares de Brasil y Perú.

Con este realismo despiadado Brunner ya ha descendido al "punto cero" de la existencia e inicia el ascenso hacia un nuevo sentido de la cultura latinoamericana. Esta progresión ascendente es inevitable porque los monstruos contrahechos son, a pesar de todo, seres humanos y sólo pueden manifestarse mediante una praxis cultural. A pesar de la niebla de desorientaciones, confusiones e ilusiones en que se habita, "tenemos que construir identidades, proyectarnos, sacar a luz un sentido, hacerlo, creándonos para nosotros mismos, para poder manejarlo, un orden más escaso, más económico, que aquel de la abundancia de sentidos e interpretaciones disponible en el mercado y potencialmente presente en el delirio de cada uno, en su alma" (pp. 24-25).

Retóricamente esto equivale a desplazarse desde una sensibilidad propia del melodrama a otra más real, la de la farsa. La retórica melodramática corresponde al ser derelicto en la historia. Por su incapacidad de comprender lúcidamente los contextos y las fuerzas sociales que determinan su libertad, el ser melodramático se mueve en un espacio de ilusiones y de espejismos. Entes incontrolados parecen conspirar en su contra para limitar su acción en bien de sí mismo. Innumerables coincidencias afloran para coartar la acción humana. Estas ilusiones y espejismos son, sin embargo, mero evidencia del fracaso de la conciencia y de la razón para comprender el horizonte social en que se habita. Por el contrario, la farsa implica la asunción final de la lógica con que el poder regula esos determinismos, por muy arbitraria, grotesca y "monstruosa" que sea, aceptando —estoicamente, según diré en la Reconstrucción Segunda— esas reglas como el único espacio que el ser vulnerable tiene para proyectar una existencia en que pueda ejercer el máximo de sus libertades posibles.

La asunción consciente de esas reglas por el "ser para-sí" inmediatamente liberan una sensibilidad irónica y la risa propias de la farsa. La risa es índice del reconocimiento de que, en su vulnerabilidad, el ser farcesco tiene la imaginación y la fantasía que lo capacitan para llevar sobre su rostro todas las máscaras que le impone el poder, sin quedar prisionero en ninguna. Para el gozo de su libertad el ser monstruoso debe ejercer una imaginación hipócrita, entendido el término en su acepción estrictamente histriónica, es decir, no perder la noción de que el ser entendido auténticamente no coincide con ninguna de las máscaras socialmente impuestas. Aquí hay ecos de un barroco colonial latinoamericano, época en que los indios derrotados instalaron en las iglesias españolas los íconos de sí mismos riéndose detrás de la máscara de una sacralidad importada como si la acataran. También ello lleva a la valoración de la ironía del maquiavelismo tecnoburócrata.

Brunner da evidencia de ese paso al reino de la farsa liberadora en dos pasajes claves. En cuanto a la ironía, Brunner cita a Umberto Eco en *El nombre de la rosa,* para hacer una especie de retorno simbólico al humor bajtiano de una Edad Media nihilista, radical y catártica. Este humor liberaría a Latinoamérica de la solemnidad y "gravedad de la política". La "risa inteligente" provocaría el colapso de la política todavía aferrada a doctrinas irrenunciables: "La risa amenazaría en este caso el fundamento último [...] de las leyes y de la autoridad, el miedo. Entonces todo orden se volvería precario; toda sabiduría sería destruida: la 'paciente y salvadora' acumulación de las imágenes de la redención sería sustituida por 'la tópica de la destrucción impaciente y del desbarajuste de todas las imágenes más santas y venerables'" (p. 40). Profundizando en cuanto a la imaginación hipócrita, Brunner afirma:

Lo real es nada más que un bosque de signos y la mente, en nuestro interior, la caja de herramientas que empleamos para continuar con el trabajo de interpretación. Por eso lo más real o profundo está en la ficción, pues ésta consiste en la invención imaginativa, es la creación, los nombres, el sentido de las cosas, el motor de la interpretación. Necesitamos fingir, inventar, representar: de lo contrario no podríamos controlar la realidad; resbalaríamos por su superficie hacia una profundidad que ella no posee y que en nosotros es el deseo, aun a costa de suprimir lo real, de encontrarnos con su fondo, el supuesto irreductible de ella, el lugar donde por fin se paralizaría la interpretación dejándonos en un 'punto cero de la cultura'; sumergidos por tanto en una naturaleza desprovista radicalmente de todo signo, muda, anterior a los nombres, carente pues de toda cultura, reconciliada consigo misma en las profundidades del alma, ahogada, una y total, sin fisuras. (pp. 22-23)

Pero, a pesar de todo, Brunner privilegia una de las máscaras

impuestas por el poder: ¿cuál de ellas? La respuesta demanda la reconstrucción de la topografía que yace en el fondo de
las trizaduras y fisuras del espejo trizado y "contrahecho". Ello
introduce el problema de la vergüenza y de su consecuencia,
la sensibilidad envidiosa.

Usando conceptos de la Teoría de la Dependencia, Brunner
contrasta el desarrollo cultural del "centro" (= de los países
capitalistas avanzados) con el de la "periferia" (= de los países satelizados dentro de la economía capitalista transnacionalizada) como espejos que se reflejan mutuamente
mediante imágenes temporales invertidas, en que la periferia
manifiesta su anormalidad. La anormalidad ahora toma rasgos
infantilistas:

> *Tenemos algo parecido a una modernidad puesta de cabe-*
> *za abajo, invertida respecto del norte, que corre no sobre*
> *sus pies sino dentro del espacio de la imaginación política.*
> *Una modernidad que hace saltar cada cierto tiempo de cuajo*
> *al mundo político pero que, al mismo tiempo, conserva sus*
> *rasgos de infante dependiente en la esfera de la cultura;*
> *donde las pasiones consumen más rápido el tiempo que*
> *las ideas; donde la seriedad de la vida está puesta en la*
> *política (de allí su tono pesado, sus frases dramáticas, el*
> *pathos de la tragedia nacional, el calor moralizante de las*
> *luchas por el poder, la facilidad del estigma y de los héroes).*
> (p. 36)

Mientras tanto, en el centro, el desarrollo orgánico del capitalismo avanzado, el sobreaceleramiento de la producción simbólica ha llevado a un estadio que se ha dado en llamar "postmodernidad":

> *Para unos significa la sobrexcitación de lo moderno que*
> *traería consigo una verdadera ruptura con los supuestos*
> *de la época: fin de los grandes relatos del espíritu, de*
> *nuestra capacidad de situarnos históricamente, de la unidad*
> *de las formas, pérdida del destino y, por ende, de las inter-*
> *pretaciones del sentido. Expropiación radical entonces del*
> *sentido por sobresaturación, por aceleración, por implosión.*
> *Para otros, en cambio, el posmodernismo es una revuelta*

contra la modernidad, 'la punta de lanza psicológica para un ataque a los valores y las pautas motivacionales de la conducta 'ordinaria' [Daniel Bell, Las contradicciones culturales del capitalismo] ; esto es, del comportamiento regido por la sobriedad, el racionalismo, la culpa, el logro, los méritos. (pp. 28-29)

En los países capitalistas avanzados, la organicidad cultural de ese movimiento hacia la postmodernidad se manifiesta como debilitación de los nexos entre política y cultura. Brunner los describe como una especie de fórmula: política = paciencia / cultura = impaciencia. El primer término supone que "la política es un largo proceso de negociación entre intereses corporativos y una competencia entre proyectos de sociedad que se asemejan entre sí, pues en lo básico todos asumen, por igual, que las estructuras globales de la sociedad no pueden ser alteradas rápida o radicalmente y que se requiere, por lo mismo, avanzar mediante la construcción de consensos parciales que dan lugar a reformas graduales" (p. 30). Esto apunta a normas estéticas de equilibrio clásico en que se acepta la mesura y la proporción armónica de actos que, para la mentalidad latinoamericana, anormal y contrahecha, serían nada más que hechos políticos extraños, perversos y paradojales, "como la 'cohabitación' francesa entre un Presidente socialista y un gobierno de derecha; o de la aparición de nuevos tipos de socialismos como el Partido Socialista Obrero español que asumen las tareas de modernizar una sociedad de base capitalista y crecientemente integrada a Europa y al cuadro estratégico occidental, precisamente por la acción de estos socialismos; o de la proposición por parte de sectores de izquierda de estados menos regulados y más liberales como ocurre por ejemplo en Suecia, España o Francia" (pp. 31-32).

La modernidad del centro se encontraría, por ende, en una etapa postrevolucionaria: "El desarrollo en estos países es visto menos como una escalada de protestas de reforma , por tanto como una empresa ideológica de intelectuales y políticos que, como una tarea nacional que compromete, en primer lugar, a los empresarios y obreros, en seguida a los administradores del Estado y a los cuadros tecnoprofesionales en todos los ámbitos de la sociedad" (p. 32). Brunner atribuye este equilibrio a un tipo diferente intelligentsia intelectual y política, lo cual debemos recordar para la discusión de la máscara tecnoburócrata que debiera reemplazar al nacionalismo en Latinoamérica

La dinámica del cambio social no debería estar ubicada, por tanto, en el espacio de la política, sino en el de la cultura. Ello denota mejor la organicidad y la normalidad de las estructuras sociales del "centro", por cuanto los cambios y transformaciones del universo simbólico de las naciones capitalistas avanzadas surgen en relación íntima con las necesidades de personas que conscientemente crean su estilos de vida inmersos en la inmediatez de una cotidianidad no contrahecha. Se trata de seres normales en la medida en que tienen la total e inequívoca certeza ontológica de estar instalados en un espacio en que los utensilios de la cultura están donde deben estar, en su sitio lógico, fácilmente a la mano para disponer de ellos quieta y confiadamente, porque les pertenecen inalienablemente. Por tanto, "*el ámbito de la cultura* es asumido como un campo de experimentación y se busca radicalizar las propuestas de una vida distinta como lo testimonian los movimientos feministas, ecologistas, de liberación sexual u otros, desde el lado del 'progresismo'; o los movimientos fundamentalistas, de rearme moral, neorracistas o antiliberacionistas en general, desde el extremo del orden y de la conservación" (p. 32). Puesto que la dinámica de las necesidades culturales surge desde la base social, puede que ésta inevitablemente termine por enfrentarse con las inflexibilidades del orden político, generándose conflictos sociales de manera más auténtica, ya que manifiestan las necesidades más íntimas de los seres humanos: "En la cultura, por así decirlo, reina la impaciencia. Los conocimientos, la información, los bienes simbólicos en general se transforman no sólo en una palanca central de la economía sino, además, en uno de los vectores dinámicos del cambio de la sociedad. La cultura moviliza la política" (p. 32).

Señalemos, además, que también a este nivel Brunner pone en evidencia la máscara social deseada: "Una 'nueva' clase de intelectuales, científicos, técnicos y expertos ocupa posiciones cada vez más importantes en la vida de estos países y desplaza la política hacia nuevos campos, transformándola en *acción cultural* y en lucha por el control de los procesos de creación y transmisión simbólica" (pp. 32-33).

A la inversa, en la periferia, residencia de los monstruos apasionados, los efectos de la postmodernidad se precipitan desfasadamente desde el exterior sobre culturas que todavía están en el tránsito desde la "premodernidad" asociada con las oligarquías comercial-latifundistas decimonónicas hacia una incipiente modernidad. Por ello es que, en el ámbito de la periferia, los términos de la fórmula han quedado invertidos. Allí tenemos que política = impaciencia / cultura = paciencia. Mientras la modernidad de los países capitalistas avanzados, citando nuevamente a Marshall Berman, "nos promete aventura, poder, alegría, crecimiento, transformación de nosotros mismos y del mundo y que, al mismo tiempo, amenaza con destruir todo lo que tenemos, todo lo que sabemos, todo lo que somos" (pp. 34-35), la cultura chilena no tiene dinámica, es la cultura del aburrimiento, del tedio:

> *Vive del estilo y la distinción, de los procesos imitativos y del buengusto, de las ideologías pesadas y de la larga paciencia que une, como un cordón umbilical, a la hacienda con el progreso, al campesino con el suburbio urbano, a la Iglesia con el poder de incidir sobre las costumbres, a la mujer con el hogar patriarcal, al sexo con la clandestinidad y la humillación del otro, a la política con el discurso ritual, a la ciencia con las verdades dogmáticas, al empresario con el sueño del Valle Central, a las ideas con los argumentos de autoridad, a la militancia con el heroísmo y la entrega. Cultura lenta, retardada, parroquial [...] paciente, resignada, sufriente, conformista.* (pp. 34-35)

En el centro los segmentos temporales son superados con "naturalidad", dialécticamente. Mientras tanto, en la periferia conviven las dimensiones temporales de todo tipo de pasados y de presentes junto con un futuro anunciado desde afuera. Esta simultaneidad temporal es el origen del tedio, otro de los índices de la dislocación de la ontología latinoamericana. El tedio de la ciudadanía genera una energía difusa que no encuentra canales en la cultura para la expresión auténtica de su experiencia más inmediata. Esto provoca el trasbasamiento de esa energía hacia el ámbito de la política:

> ...*nuestro espejo trizado, la cultura en que nos miramos, nos deforma a la vez que de muchas maneras inevitables por esta peculiar posición que ella ocupa entre nosotros, como lugar de la resignación, de la conservación y del ocultamiento, incluso, de nuestros posibles progresos; y por su relación invertida con la política, donde se expresa toda nuestra capacidad de sublimación, todo nuestro anhelo de crear mundos mejores, toda nuestra imaginación de utopías, todos nuestros afanes de sobresalir y ser reconocidos. Nos vemos en ese espejo hacia atrás y la identificación que logramos nos repite en nuestros traumas, como si la historia nos pesara demasiado.* (pp. 36-37)

El tedio busca su representación en nacionalismos enmascarados con ideologías importadas, nacidas de una experiencia histórica extraña. Al adoptárselas por aburrimiento, surge el desatino y el desenfreno propios de los seres deformes:

> *La pasión, las demandas de cambio, los resentimientos, la agresividad, los sueños de grandeza, la necesidad de acumular riqueza, de mandar, de obtener status, de sentirse uno con autoridad, de obtener beneficios o privilegios, de ganar influencia, de construir cualquier obra, de defender unos ideales u otros, de ganar reconocimiento o de vender un producto en el extranjero, todo se convierte aquí rápidamente, como tocado por la mano del poder, en política. Y todo, en el campo de la política, debe ocurrir con velocidad, hacerse instantáneamente, conseguirse al momento. Es la política como radical impaciencia, como medio rápido de salvación, como fugacidad del esfuerzo, como falta de perseverancia, como negación, al final, de la historia.* (pp. 33-34)

En el sobredimensionamiento de lo político está la raíz del temple de ánimo violento, intransigente y la teología moralista y épica del nacionalismo de seres que, como compensación de sus deformidades, aspiran a la autenticidad y a la pureza absolutas: "La política de las 'categorías puras' —casi, casi como una fe— que todo lo clasifica al punto y sin titubear : pureza y peligro, orden o caos, progreso o reacción, Estado o mercado, amigo o enemigo, fascismo o socialismo. En estas latitudes, entonces, no debiera extrañar que las vanguardias sean políticas y no culturales y que el futuro esté depositado siempre en la política y sus ajetreos" (p. 34).

Todo esto revela que la sensibilidad característica de los monstruos periféricos es la vergüenza y la envidia, en la medida en que, al contrario de los seres apolíneos del centro, no tienen el gozo quieto y ordenado de los utensilios culturales a la mano. No saben dónde ponerlos: lo que pertenece a la política lo ponen en la cultura y viceversa. Brunner gusta de citar a Mary Douglas y su libro *Purity and Danger*. Allí la antropóloga inglesa plantea que las nociones de limpieza y suciedad responden a convenciones sociales en cuanto al lugar adecuado para poner ciertos objetos y desechos. En sí éstos no están marcados por los signos de la suciedad y de la limpieza sino en la medida en que cometamos el ultraje de violar las normas y pongamos, por ejemplo, excremento en el living y en el comedor. Obviamente no habría desacato si lo pusiéramos en el baño, puesto que allí es un objeto "natural". Quienes rompan estas convenciones son sospechosos de atentar contra el orden del cosmos y deben ser castigados. Implícitamente, entonces, al adjudicar a la contraposición centro-periferia la fórmula valorativa política = paciencia / cultura = impaciencia versus política = impaciencia / cultura = paciencia, Brunner está inaugurando nuevas reglas formales para el juego cultural en un nuevo orden político periférico. Por ende, a la vez se inaugura una nueva autoridad que ataca a los monstruos todavía sujetos al nacionalismo por poner la caca de la política en el ámbito de la cultura. Esta autoridad, ya iluminada por una conciencia más armónica, debe disciplinar a los desviados como lo hace toda autoridad: promoviendo la introyección de la vergüenza, de la culpa y de la envidia como gatillos de control.

Existencialmente estos mecanismos de control son también un juego de espejos: deseamos vernos reflejados en el espejo de las normas de los seres superiores a nosotros porque estimamos su autoridad. Queremos ser como ellos en igualdad de condiciones. Sin embargo, ellos tienen la capacidad de mostrarnos abruptamente cuánto nos desviamos de la norma consagrada, desnudándonos con su mirada, penetrándonos hasta los huesos. Nos declaramos culpables ante los seres superiores, pero, a la vez, para recuperar nuestra dignidad, necesitamos la indulgencia y paciencia de la autoridad. Ella accede dándonos una nueva oportunidad. Nos motiva a un esfuerzo más de imitación, incentivando la envidia hacia quienes ya han tenido éxito[9].

Los contornos de esta topografía hallada en el fondo de las trizaduras y la inauguración de esta nueva autoridad ya permiten entender el tipo de máscara privilegiada entre los monstruos contrahechos. Para dar sentido y lógica propia a su determinismo histórico, dentro de la dependencia debe valorarse al ya muy anunciado intelectual tecnoburócrata. Este encarna, asume como propia la racionalidad de la modernidad exógena. Privilegiar la identidad del tecnoburócrata es congruente con la exaltación de la personalidad irónica, puesto que se trata de una personalidad bajo sospecha en todo sistema social conocido. En sí acumula las "paradojas", "tensiones", "contradicciones", la "perversión subjetiva" y el "desajuste objetivo de su posición en la sociedad": por la acumulación de un capital simbólico escaso en la sociedad, por sus conocimientos especializados, el intelectual está aquejado de una voluntad de poder que lo acerca más a los intereses del poder dominante y hegemónico que al *demos*. Tomando ideas de Alexis de Tocqueville, Brunner afirma que se "parecen en cierto modo a los sacerdotes de Egipto; como ellos, son los únicos intérpretes de una 'ciencia oculta'" (p. 440).

Sin embargo, además de reconocer los peligros del maquiavelismo intelectual, Brunner busca rescatar y valorar la racionalidad del tecnoburócrata, organizando una imagen de su acción y de su vida en torno a sus atributos racionales:

Sería ciego al no reconocer en sí mismo lo que cree descubrir en los otros: pasiones, oportunismo, racionalización de intereses, afán de poder, temor a la muerte, anhelo de gloria, estimación del Príncipe [= del poder hegemónico] e inseguridad frente al status alcanzado. Pero no sólo de gratificaciones o de negaciones vive el intelectual; también pretende hacerlo por la razón. Que se trata de un instrumento frágil y que los sueños que ella engendra pueden ser monstruosos es casi algo banal si se contempla la historia, particularmente la que nos ha tocado compartir. Pero igual como la historia no guarda promesas de redención, tampoco nos obliga al inmovilismo o a preferir, siempre, lo que existe por sobre lo que podría ser. (pp. 468-469)

Es decir, según Brunner no tenemos otra alternativa que la de aceptar y reconocer que necesitamos tecnoburócratas irónicos y maquiavélicos, investidos de nueva autoridad rayana en la religiosidad. Situado en el contexto descrito anteriormente, la racionalidad que lo anima es su eficiencia como traductor-transculturador de códigos de conducta indispensables para que nos comportemos apropiadamente en cada uno de los espacios ofrecidos por la modernidad. Las bases para este tipo de definición de la razón están en pasajes como este:

...convendría pensar del sí mismo (Self) como un distributed Self. Es decir, un sí mismo que está distribuido en las situaciones en las cuales el agente participa, del mismo modo como el conocimiento adquirido por él no está solamente en 'su cabeza', sino en 'las notas que ha puesto en cuadernos accesibles, en los libros con pasajes subrayados que están en las estanterías de la casa, en los manuales que ha aprendido a consultar, en las fuentes de información guardadas en el ordenador [= la computadora], en los amigos que puede llamar para consultar o recibir una referencia, y así por delante, casi sin límite.[10]

Esta razón puede ser una guía para el gozo de la libertad entre los determinismos de la modernidad. Por ello Brunner se refiere a los tecnoburócratas como "*legistas,* 'hombres que han hecho un estudio especial de las leyes' y que forman una clase política superior y la parte más intelectual de la sociedad'" (p. 439). Los beneficios sociales de esta razón tecnoburocrática se despliegan, finalmente, en la creación de microsíntesis modernistas de lo exógeno y lo endógeno en los territorios nacionales: "Estrategia de racionalización local, por tanto, que contiene elementos de Estado y mercado; de creatividad endógena y de aprovechamiento de dinámicas externas; que supone interacciones complejas entre la economía, la política, la administración y la cultura; que valora, imbricándolas, consideraciones de eficacia instrumental y de racionalidad comunicativa. Más que el diseño de una sociedad moderna, ni siquiera de su economía, es el esbozo de un sistema de relaciones en que la creatividad encuentre unas condiciones sociológicas de operación" (p. 221).

En un paralelo cercano a la paradoja mostrada por la Teología de la Liberación, el ejercicio de su razón lleva al intelectual tecnoburócrata a aceptar que las fuerzas exógenas que tan traumáticamente instauran la dependencia en Latinoamérica a la vez traen la promesa de la liberación, del mismo modo como los Conquistadores españoles y portugueses trajeron simultáneamente la esclavitud de los indios y su redención por el cristianismo. En el ciclo actual de dependencia, esa paradoja está en la dicotomía creada por la violencia militar empleada en la imposición de una economía neoliberal y la promesa de la democracia y de las libertades civiles y políticas creadas por el liberalismo precisamente para administrar el mercado libre. A pesar de la violencia de su introducción, Brunner señala que el libremercado crea las condiciones primeras para la democracia trayendo consigo el imperativo de la mesura, el orden y el equilibrio que atempera las pasiones febriles y los mesianismos desbocados de la política:

El mercado, como ya lo analizaba Weber, crea un tipo de orden donde las expectativas de posibilidad están controladas racionalmente, esto es, 'por intereses racionales de fin'; las posibilidades deben calcularse continuamente de acuerdo a las oportunidades de intercambio realmente existentes para el individuo. Así, puede decirse que el mercado disciplina el imaginario de lo posible; en él todo tiene previsto su lugar, sobre todo el acceso diferencial a las distintas oportunidades disponibles. En este sentido el mercado es esencialmente antiutópico. Todo lo que representa bajo la forma de un espectáculo no sólo se inscribe en un orden de signos jerárquicamente estructurados sino que, además, las oportunidades de obtener cualquier satisfacción se hallan preordenadas por la distribución social de los medios de pago, que en última instancia determina las prefe-

rencias y los deseos del individuo. El mercado, en breve, sólo repara en los valores de cambio y subordina lo demás al cálculo de medios. (pp. 93-94).

Implícitamente Brunner valora que el régimen militar haya instaurado la mesura del mercado. Esto le permite plantear el problema de la democracia: "La *democracia* se define como un sistema donde hay múltiples actores que persiguen políticas dentro de un marco más o menos competitivo, produciendo resultados interactivamente y efectos no esperados o incluso perversos, lo cual significa, para cada participante, que ninguno posee ni puede obtener garantías absolutas de que sus intereses triunfarán por completo, así como ninguno puede estar cierto de que sus posiciones serán continuamente preservadas" (p. 375). Se trata de una definición que requiere la presencia de un árbitro en la creación y administración de ese marco institucional. Esto es lo que hace imprescindible la presencia de esos tecnoburócratas para racionalizar el espacio institucional. Para asegurar la participación democrática, ellos deben actuar con criterios que a lo sumo aspiran a un criterio *"reformista"* , "de ajuste institucional gradual", "que no alteran aspectos básicos del arreglo institucional democrático preexistente" (p. 379):

> *Luego, si se trata de definir el carácter general de una política cultural para la democracia, lo único que de ella puede postularse es que debe producir unos arreglos institucionales básicos tales que permitan la expresión de los intereses sustantivos de los individuos y grupos que componen la sociedad. Dichos arreglos básicos no podrían, facilitar y promover la hegemonía cultural de un grupo (independientemente de que éste pueda pretenderla) sino meramente crear un marco institucional de posibilidades a través del cual los individuos y los diversos grupos, tradiciones, etc., de la sociedad puedan materializar sus intereses culturales (negociarlos, proponerlos, discutirlos, etc.), con una mínima seguridad de que ese arreglo institucional garantizará que, dada la distribución de recursos (económicos, organizacionales e ideológicos), ninguno se verá eliminado o tendrá una expresión completamente inadecuada a su presencia en la sociedad.* (p. 375)

Para terminar esta Reconstrucción Primera, resumamos lo logrado: la progresión del discurso de José Joaquín Brunner termina con el rescate de la identidad de un tecnoburócrata, identidad privilegiada sobre cualquier otra, a quien se imputa una razón que lo habilita como árbitro y conductor de las mayorías en los espacios de la modernidad. La modernidad aparece como laberinto desértico, melodramático, de parcializaciones de la realidad, en que circula un torbellino acelerado de significaciones contradictorias. Ellas confunden y someten a los seres humanos a tremendos sufrimientos y desgracias, terminando por destruirlos en la medida en que construyan su identidad sobre la base de esencialismos nacionalistas. El nacionalismo condiciona conductas colectivas totalmente alienadas, que se manifiestan a través de pasiones desenfrenadas. Estas pasiones son las que llevan a los seres humanos a seguir a líderes carismáticos cuyo legitimidad reside nada más que en su manipulación de esquemas teóricos alejados de la realidad concreta. El imperativo de terminar con este tipo de conducta lleva a una catarsis nihilista en que el melodramatismo nacionalista debe ser desprestigiado y reducido a la calidad de escritos históricos sin autoridad ni solvencia. Como complemento de esa catarsis, los seres humanos deben reconocer y aceptar su calidad de entes anormales, de monstruos deformados por el ámbito y la historia de la dependencia. Por ello la catarsis se manifiesta como farsa, indicio de que los seres monstruosos han alcanzado una conciencia irónica y una capacidad de risa que los libera para una acción cultural más racional y sensata dentro del ámbito ineludible de la modernidad. En ese ámbito sobresale la figura del tecnoburócrata que, a pesar de tener una personalidad del todo maquiavélica y propensa a traicionar a las mayorías, por lo menos tiene la sabiduría y la ironía necesarias para conducir a las masas en el laberinto de códigos de la modernidad.

Luego de esta Reconstrucción Primera es preciso reconocer que, a pesar de un mejor entendimiento de la sensibilidad que anima el discurso de José Joaquín Brunner, es inescapable concluir que el autor tiende a atraer la atención crítica sobre términos aún demasiado cercanos a la superficie de las categorías racionales de su sociología. Queda aún por detectarse el origen profundo de su nihilismo antinacionalista y la confianza en la racionalidad de una tecnoburocracia iluminada. Aún hay, por tanto, cuestiones más fundamentales: ¿Qué valores morales legitiman la presencia de ese tecnoburócrata como árbitro de la institucionalidad que intenta la democracia ante los diferentes actores sociales? Responder a esta inquietud motiva una segunda lectura reconstructiva.

Reconstrucción segunda: Razón, virtud y neoestoicismo

Esta segunda lectura se inicia inquiriendo sobre la constitución del conocimiento de lo político como ciencia. Las ciencias políticas marcharon a horcajadas sobre y dentro de los parámetros de una larga evolución del pensamiento político. Las etapas de esa evolución forman una especie de circuito de desplazamiento discursivo discernible en todo texto, de toda la época moderna: todo discurso de las ciencias políticas se apoya en la lógica de alguna de las etapas de su constitución, desplazándose, en algún momento u otro, a través de todas y haciendo énfasis en alguna. Esa evolución va desde la filosofía política de la antigüedad, a partir de Platón y Aristóteles, pasando por la concepción del derecho natural en Machiavello, Locke y Hobbes; la filosofía de la historia, con Rousseau, Hegel y Marx; hasta llegar al historicismo contemporáneo, con sus raíces en Nietzsche y Heidegger. Un repaso elemental de esos parámetros permitirá situar el pensamiento de José Joaquín Brunner. En estos argumentos sigo a Leo Strauss[11].

En el estrato más profundo de las ciencias políticas está la filosofía de la antigüedad griega. Ella respondió a la situación concreta de activos participantes en la política de la Grecia clásica cuyas elucubraciones intentaban compatibilizar conceptos sobre la naturaleza humana, la verdad, la razón, la virtud, el bien común y la justicia en la administración social. Este intento organizó su práctica política y aún hoy es considerado como desideratum universal. La concreción de estos atributos podría lograrse postulando discursivamente un ideal de la buena sociedad y adecuando la educación de los ciudadanos para lograrlo.

En la primera generación de fundadores de la modernidad, Machiavello modificó radicalmente este pensamiento. Aunque no abandonó el concepto de naturaleza humana, quitó énfasis a la virtud moral como eje de lo político por ser irrealista, improbable e inadecuado, causante, por ese mismo irrealismo, de extraordinaria violencia y de crueldad. Trasladó ese eje a las instituciones sociales. Era necesario establecer el orden social a partir de un dato al parecer irrefutable: por naturaleza los seres humanos tienden al egoismo, a la maldad, a la corrupción, pero a la vez son éticamente maleables. Por tanto, a partir de su misma tendencia al mal, pueden ser convertidos en seres sociables y comprometidos con el bien común. Para ello es necesario un nuevo tipo de Príncipe, creador de instituciones sociales capaces de una compulsión que haga extremadamente costoso el ejercicio del mal.

Hobbes continuó esta línea de razonamiento argumentando que el impulso primordial de la naturaleza humana es el de la supervivencia y para ello estamos dispuestos a una violencia generalizada, por la que la civilización está en peligro permanente de convertirse en caos. De allí la necesidad de un Estado de carácter compulsivo que, mediante el temor, persuade a los individuos a someterse a una sociabilidad pacífica. La concepción de Hobbes, que en última instancia era una apología del monarquismo, se impuso en el liberalismo de los países anglosajones con el pensamiento de Locke, quien le dio un desplazamiento hacia la democracia: Locke propuso que la manifestación principal de ese imperativo de supervivencia es el deseo de ilimitada adquisición de propiedad material. Se trata de un deseo inmoral o amoral, pero, en última instancia, puede conducir a la felicidad colectiva, si es que se instaura un tipo de Estado capaz de animar una amplia competitividad, controlada, sin embargo, por un sistema político de contenimientos y balances que impidan la dictadura de los más poderosos.

En una segunda etapa de la modernidad, Rousseau trasladó la discusión desde las instituciones a los principios racionalizadores de la sociedad. A diferencia de Hobbes y de Locke, Rousseau concibió la naturaleza humana como perfecta en cuanto a su experiencia inmediata de la plenitud de existir. No obstante, debe alienarse para sobrevivir en un medio colectivista. Para ello el ser perfecto debe entrar en un contrato social de convivencia con sus semejantes, el cual funda las instituciones sociales. Ese contrato se rige por el criterio jurídico de la voluntad de las mayorías, sentándose las bases para una reciprocidad solidaria entre los seres humanos, aunque de hecho no se supera la antinomia de la alienación.

Explicar esa alienación en el contexto de una búsqueda de la racionalización social generó las condiciones para el surgimiento de una filosofía de la historia que captara las leyes universales de su evolución. Hegel explicó el desarrollo de la historia sobre la base de la alienación humana en la dialéctica entre amo y esclavo. El amo afirma su calidad de tal en la medida en que está preparado para morir en busca del reconocimiento de su valer, imponiéndose por sobre otros seres humanos; el temor a la muerte es lo que lleva al esclavo a someterse y a construir la civilización con su trabajo, cuyos frutos le son alienados. En última instancia, esto implica una apología conservadora de las instituciones rectoras de la sociedad en su estado actual, por cuanto la malignidad del trabajo alienado resultaría en el gozo del bien colectivo del orden civilizado, lo cual revela la astucia del espíritu colectivo según se manifiesta en la historia. A la vez Hegel sugería la noción del término de la historia por cuanto la humanidad habría alcanzado el máximo de posibilidades de conciencia de sí misma dentro del pensamiento político que había constituido el Estado moderno, mediador fundamental en la dialéctica de amos y esclavos.

Por su parte, Marx encontró la lógica de la historia en la lucha de los seres humanos más explotados por alcanzar su liberación, proponiendo la utopía del comienzo de la verdadera historia humana en un orden social en que los medios de producción no fueran apropiados por minorías, un nuevo orden en que productores asociados voluntariamente cooperarían en la satisfacción de las necesidades humanas de acuerdo con un principio de plenitud y de solidaridad.

En parte, el historicismo surgió de la propuesta de Marx en cuanto a la naturaleza ideológica de todo cuerpo de conocimiento filosófico, político, legal, religioso y artístico. Estos elementos ideológicos son articulados por el poder social dominante y hegemónico y llegan a responder a sus designios. Por su parte, en su crítica a la modernidad, Nietzsche y Heidegger buscaron demostrar que todo pensamiento surge de una radical experiencia del ser sujeto a la radical contingencia de un universo vacío de significado en sí mismo, inmisericorde. Por tanto, todo conocimiento está determinado por los azares del horizonte social de su época y no es necesariamente susceptible a legitimaciones racionales ni a validaciones de un progreso que supera etapas anteriores de la humanidad para su perfeccionamiento. Todo esto resulta en un escepticismo y un relativismo ante la capacidad de captar verdades universales y eternas en cuanto a la condición humana. De allí que posiciones historicistas planteen que la situación presente en una sociedad es la única plataforma posible de juicio del pasado y de las posibilidades del futuro. La validez de estos juicios está específicamente condicionada por situaciones sociales e históricas concretas y son inválidas en otras. Es imposible reconstruir la verdad de las enseñanzas del pasado sin distorsionarlas de acuerdo con la situación presente.

Las ciencias sociales inauguradas en el siglo XIX se fundamentaron en las incidencias de esta evolución, particularmente a partir de Machiavello. Buscaron anclar el conocimiento en situaciones concretas y reales, para alcanzar un fin práctico, purificado de elucubraciones morales. Los protocolos profesionales obligan a que los cientistas sociales narren los resultados de su investigación de acuerdo con modelos formales extrapolados de esa evolución por epígonos que han creado conceptos teóricos y metodológicos operacionales. Es decir, esos protocolos obligan a un distanciamiento del sentido y significado de esa evolución sin abandonarlos, sino poniéndolos en el trasfondo. Aún en los casos en que el discurso es emitido desde una posición ideológica que clara y conscientemente muestra sus presupuestos y ubicación, la narración es presentada como reconstrucción de las opciones racionales de acción de agentes concretos dentro de la lógica global de horizontes sociales específicos. En ello se apela a un criterio de objetividad, evitando o quitando énfasis a la adjetivación evaluativa y normativa. A pesar de todo, las suposiciones de una filosofía política en cuanto a la naturaleza universal y eterna de la verdad, de la razón, de la virtud, del buen orden social y de la educación moral óptima para los ciudadanos no desaparecen. En el discurso de las ciencias políticas esas suposiciones se encuentran a menudo como residuos heredados

inconscientemente, soterrados, subliminales, implícitos, táci-
tos, nunca aclarados; por tanto, están desvirtuados o mutilados
en su lucidez.

Dado que José Joaquín Brunner ha encuadrado sus argumentos sobre la tensión modernidad-postmodernidad en un
estilo ensayístico, la rapidez de desplazamiento a través de
los diferentes estratos fundamentadores de las ciencias sociales alcanza una gran velocidad, ocultando a la vista los
residuos morales fundamentales que nos interesa rescatar.
Este ofuscamiento tiene diversos orígenes: en primer lugar
está la ubicación de Brunner en una postura historicista que,
a pesar de mantener el concepto de modernidad como categoría universal, más bien establece un criterio de verdad
restringido a circunstancias históricas extremadamente
acotadas:las de la periferia en el sistema capitalista transnacionalizado. Esto es evidente en su búsqueda de una ontología
excepcional y privativa de los monstruos de la periferia, la
cual los diferencia de la marcha histórica del resto de la
humanidad. Brunner corrobora esto con su concepción catastrófica de la cultura como "simultáneamente archivo, retención
de formas, continuidad de un orden de sentidos, monumento,
fijación, repetición, campo de ruinas, arqueología de sí misma
y pura coyuntura del sentido, impresión débil, palabras
evanescentes, articulación del momento, mensajes intermi-
tentes, conocimiento táctico, imagen pasajera, velocidad de
su propia metamorfosis" (p. 27).

Por otra parte está su desahucio de una postura filosófica
materialista. En ello se revela una ruptura en cuanto a una
obra anterior, con la que ganara merecida notoriedad entre la
intelectualidad chilena y extranjera —La cultura autoritaria en
Chile (1981)[12]. Allí Brunner se abocaba al entendimiento de la
lógica de la dominación social implementada por la alianza
civil-militar después del golpe militar de 1973, analizando su
concepción de mundo, su administración fragmentarista de la
sociedad civil y su política cultural, particularmente en su
impacto en el sistema educacional. En esa etapa, captar el
modo de ser de hechos reales lo obligaba a mantener una
transparencia de los modelos teóricos que organizaban su investigación. Sin embargo, en sus ensayos sobre modernidad
y postmodernidad abandona esa transparencia, usándose un

estilo expositivo que baraja frecuentemente un aparato bibliográfico y las deficiones proporcionadas por él como contenedores en sí de la realidad social estudiada. Así la bibliografía se transforma en fetiche de lo real. Esto permite afirmar que el sentido de la obra de 1981 y de los ensayos posteriores sobre modernidad-postmodernidad se diferencia por la búsqueda de conocimiento de la primera y la intención de *señalar una convicción nihilista* en los segundos.

Brunner reconoce esto al hablar de los efectos intelectuales de la lucha entablada por la oposición antimilitar en contra de la "entropía comunicativa" producida en la sociedad civil por la dictadura:

> *La realidad cotidiana se vive como una extraña coalición de juicios e interpretaciones que compiten por la atención de los individuos y que buscan legitimarse a base de su pertenencia a esos regímenes contrapuestos de comunicación. No hay una verdad de los hechos, cualesquiera que éstos sean, pues los hechos mismos han sido incorporados a la pugna por definir socialmente la realidad. El país se vive a sí mismo como una implosión de imágenes, ninguna de las cuales tiene la fuerza suficiente para ordenar un sentido generalizable y compartible. Es una suerte de anomia, de un tipo especial, la que gobierna los sucesos del día.* (p. 75)

Es posible inferir que el período de escritura de la obra de 1981 estuvo incitado por la urgencia de entender los parámetros de la lógica de gobierno del régimen militar para que la oposición orientara su política de resistencia. A diferencia de esto, los ensayos ya corresponden al proceso de "renovación socialista" y la preparación de los marcos teóricos que fundamentarían la participación en una posible coalición de gobierno redemocratizador, como ocurriría con la Concertación de Partidos por la Democracia en 1989. Para ello era indispensable encontrar nuevas bases de racionalización del discurso político que respondieran a las circunstancias concretas del presente y no a las nostalgias de un pasado ya irrecuperable para la Izquierda chilena. De allí la condena del moralismo nacionalista de la Teoría de la Dependencia: "En todas partes se asiste a un *desacoplamiento* entre ética y desempeño, y cada vez más el propio mercado condiciona operativamente las conductas y los rendimientos económicos. Incluso en los regímenes socialistas se asiste a un fenómeno similar" (p. 223). Por último, como otra de las causas de ese ofuscamiento está el hecho de que la conceptualización de los ensayos también fue usada como parte de una polémica contra adherentes al régimen militar. Los argumentos de éstos se caracterizaban por el fácil recurso a universalismos propios de la filosofía política para hacer su apología del autoritarismo, lo cual, sin duda, forzaba a Brunner a ilar una respuesta alejándose de ellos[13].

La lógica que llevó a los socialistas "renovados" a la participación con la Democracia Cristiana en la Concertación fue, de manera expresa o implícita, la aceptación de la derrota catastrófica de la Izquierda a manos de los militares y la necesidad de planear un curso político a partir de esa realidad ineludible. Por ello rechazaron la política militar iniciada por el Partido Comunista a partir de 1983 con la iniciación de las operaciones guerrilleras del Frente Patriótico Manuel Rodríguez. Optaron por sumarse a partidos de centro y de derecha que decidieron utilizar la legalidad de la Constitución de 1980, impuesta por los militares, para participar en el plebiscito de 1988 sobre la continuidad en el gobierno del General Augusto Pinochet . El triunfo del NO a esa continuidad abriría paso a las elecciones presidenciales de 1989, en que triunfaría el demócratacristiano Patricio Aylwin, candidato presidencial de la Concertación de Partidos por la Democracia. Así se iniciaría la transición a la democracia.

Es la aceptación de esa derrota la que permite una segunda lectura reconstructiva, que ahora rescata las afirmaciones valorativas universales, implícitas y no desarrolladas por José Joaquín Brunner en sus ensayos. Ellas revelan un perfil moral similar al de la ética estoica. Es la similitud con la ética estoica la que arroja mayor luz sobre el sentido humanista de la aceptación-negación de la Teoría de la Dependencia en Brunner y su reemplazo por los conceptos de modernidad y postmodernidad.

Establezcamos paralelos.

La filosofía estoica se desarrolla en un período que va desde finales del siglo IV A.C. en Atenas hasta finales del siglo I A.C. en Roma[14]. Se trata de un arco temporal en que el estoicismo surge como respuesta a un período de gran inestabilidad política y violencia por la decadencia de Atenas y del resto de las ciudades helenas, su incorporación al imperio de Alejandro, a imperios subsiguientes y la mayor inestabilidad causada por la muerte prematura de Alejandro. Esta etapa duró hasta el siglo II A.C. Con la emigración de sus representantes a Roma, en las etapas finales de su vigencia el estoicismo sirvió como filosofía justificadora del imperio. En sus inicios la problemática estoica se había manifestado como la búsqueda de una sabiduría que permitiera la serenidad y la felicidad en medio de los grandes disturbios sociales del siglo IV, los que fueron aumentados por la gran circulación de dinero capturado en la empresa imperial de Alejandro y la inflación consiguiente. Esta provocó la baja de la productividad, el endeudamiento, la pérdida de propiedad y la pérdida masiva de ciudadanía en la polis. La concentración de la riqueza en sectores cada vez más minoritarios llevó a una intensa polarización social y a una violenta lucha de clases; los desposeídos demandaban la redistribución de la tierra y la abolición de las deudas, dándose repetidas masacres de los adinerados. La desintegración social llevó a continuos períodos de dictaduras como búsqueda de una estabilidad.

Ante esas zozobras y sufrimientos, los estoicos propusieron un modo de vida en que la felicidad era posible a partir de una resignación fundamental y total ante la realidad y los sucesos que la caracterizan. La realidad fue definida como un cosmos totalizador, como un campo de energías naturales dotadas de un orden. El ser humano era concebido como un ente constituido por esas energías en un proceso de intercambio y flujo de cambio infinito. La razón era privilegiada como el atributo humano que podía abrir y alinear la conciencia para un entendimiento del orden natural de ese flujo cósmico. La intuición del orden y la unidad orgánica del cosmos llevaba a la virtud, condición del ser que permitía organizar un estilo de vida consistentemente orientado hacia el bien y la acción correcta. Con la fusión de mente y naturaleza y la creación de ese estilo de vida, el ser lograría un temple de ánimo para ubicarse más allá del deseo de lo transitorio y del sufrimiento causado por su caducidad. Así el ser lograría la concreción de todas sus potencialidades; esto se manifestaría a través de la justa convergencia de eventos y factores marcada por el Destino, que conduce a la perfección y la sabiduría.

La lógica estoica del bien guiada por la razón permite que el alma refine su experiencia y levante un mapa de los espacios constituyentes del ser mismo y del entorno para determinar los campos de tensión de energías que allí se desarrollan. Estos campos de tensión implican condicionamientos que pueden llevar a la manifestación de impulsos primarios en el ser humano bien en busca de la mera supervivencia —lo cual lleva a las pasiones y a la desviación del bien— o de la virtud —el juicio y la acción correctas—. Así los entes en esos espacios quedan marcados por una escala de valores. Tiene valor todo lo que contribuya a una vida de acuerdo con el orden natural, ya sea porque se puede intervenir en ello para cambiarlo directamente o ceder para intercambiarlo por otra opción que se acerque al bien. Los entes en el mundo tienen, por tanto, valor positivo, negativo, relativo o indiferente; por consecuencia, son entes preferidos, rechazables o neutros. Por la demostración de su criterio ante ellos, la humanidad queda drásticamente dividida entre seres totalmente virtuosos y totalmente viciosos, sin gradación posible.

El hecho es que los seres humanos viven la tensión entre dos tendencias: la razón, que conduce a la sabiduría, el bien, la belleza y la serenidad; y las pasiones, tendencias brutas, animales e irracionales del alma que se manifiestan como deseos que motivan al cuerpo a la búsqueda de placer, éxito, poder y victoria. Se trata de "impulsos de exceso", de un "principio de perversión" que pueden rebasar las disciplinas y mesuras de la razón. Las pasiones pueden movilizarse por el condicionamiento de fuerzas irracionales en el entorno, tales como factores climáticos, geográficos y la influencia carismática de otros seres también aquejados por las pasiones, todo lo cual afecta y desvía el recto juicio de la razón.

Las turbulencias de las pasiones son enfermedades crónicas del alma. Sin embargo, el ser humano puede cambiar, agotando, calmando, suavizando, persuadiendo, ordenando y urgiéndolas con una educación apropiada y un cambio del entorno social. Por ello los estoicos, siguiendo a los cínicos, sometieron los hábitos y rutinas cotidianas a severa crítica porque en ellas reside el potencial de "empuje de las emociones" para causar errores de criterio, juicio y práctica. El objetivo de la educación era condicionar al individuo para que reconociera que no hay mérito ni beneficio en la sujeción al deseo. En cuanto a la mejora del ámbito social, los estoicos lucharon contra la riqueza, la propiedad privada, la usura, la esclavitud y el imperialismo. En última instancia los estoicos se revelaron contra los nacionalismos y se declararon seres cosmopolitas en cuanto reconocían una naturaleza humana universal. Como se observara en la Reconstrucción Primera, el rechazo del nacionalismo y la aceptación total de la modernidad como la única "patria" concebible para los seres de la periferia es quizás uno de los aspectos que más acerca el pensamiento de José Joaquín Brunner a la ética estoica.

Si es que el lector no ha encontrado ya en lo expuesto los evidentes paralelos entre esta ética con la obra de José Joaquín Brunner, esos paralelos se hacen ya del todo patentes con la etapa romana del estoicismo, en el siglo I A.C., en que se atisba una proto-Teoría de la Dependencia. En esta etapa la ética estoica fue instrumentalizada como justificación del imperio mediante una metaforización geopolítica que hacía de Roma centro del espíritu y la razón mientras que en sus posesiones habitaban cuerpos apasionados, necesitados de sujeción y disciplina. Fue particularmente Cicerón quien produjo un discurso jurídico en que la totalidad, universalidad y divinidad del orden cósmico fue transformada en analogía del imperio romano. Cicerón transformó el concepto de orden natural en legislatura para la administración del imperio basada en el derecho natural. Roma, entonces, apareció como la donadora de una Ley sabia y civilizadora de los pueblos bárbaros, incapaces de gobernarse en un orden estable, sujetándolos en un sistema en que la injusticia y la violencia desaparecerían, haciendo, por tanto, del sometimiento una virtud razonable y de la independencia y autonomía redundancias innecesarias. En el orden natural es evidente que los fuertes deben gobernar a los débiles para el propio interés de estos últimos; como seres virtuosos éstos deben resignarse y obedecer. De este modo la divinidad gobierna a los seres humanos como la mente gobierna al cuerpo, la razón gobierna al deseo, a la ira, a las pasiones y a los vicios del alma. Los amos, los mejores, los virtuosos, deben gobernar a los esclavos, los malos, los viciosos. En la resignación a este Destino la humanidad se aseguraría la plenitud de ser. Según lo expresan las palabras y el tono profético de Cicerón: "Y ya no habrá una ley para Roma y otra para Atenas, una ley para hoy y una diferente para el futuro, no habrá sino una ley, eterna e inmutable, que sujetará a los pueblos para siempre. Y habrá un amo y gobernante común para los hombres, es decir, Dios, el autor, intérprete y proponente de esta ley. Quien no la obedezca está tratando de escapar de sí mismo, y al tratar de negar la verdadera naturaleza del hombre sufrirá las más severas penalidades, aun si escapa de lo que comunmente se considera castigo" [15]. El estoicismo se convirtió, entonces, en ideología de los legisladores y administradores imperiales. Estos Sabios gobiernan en favor del orden público, del bien común.

Esta metaforización topográfica del poder imperial no es extraña a Latinoamérica. Es preciso recordar que los primeros maestros del liberalismo del siglo XIX —Echeverría, Alberdi, Sarmiento, Lastarria—, en la época de la búsqueda de la estabilizacción del orden político de las nuevas repúblicas, luego de la independencia de España, concebían una relación similar entre las ciudades primadas y el interior de los países latinoamericanos. En la ciudad de signo masculino se aposentaba la modernidad, la civilización, la racionalidad; la ciudad primada era el espacio privilegiado donde se concentraría la producción nacional exportable al mercado internacional y se concentrarían las importaciones. Desde estas ciudades estas mercancías debían difundirse hacia el interior bárbaro, atrasado, arcaico, de signo femenino, en una empresa épica de construcción de un nuevo orden social, en que el progreso establecería el equilibrio de la modernidad a través de todo el territorio, en que la fundación de la economía liberal quedaría analógicamente concretada como una nueva familia nacional[16].

En el liberalismo decimonónico el equivalente de los Sabios estoicos eran los intelectuales que, como Profetas bíblicos, debían conducir al pueblo salvaje en una peregrinación hacia la civilización, dotándolo de conciencia de sí mismo a través de la Palabra, el Verbo cristiano. Para este efecto construyeron las narraciones de identidad nacional en que la literatura como ficción y el ensayo fueron los principales instrumentos. El derecho natural se manifestaba en ellas en la medida en que esas narraciones maestras manifestaban la esencia del ser latinoamericano a través de la acción típica en espacios y tiempos típicos en marcha hacia la civilización. Ese derecho natural correspondía, además, con los modelos culturales importados desde los países capitalistas más avanzados, a los cuales esos intelectuales viajaban frecuentemente para impregnarse de la civilización verdadera y legitimarse como sabios. La experiencia histórica latinoamericana servía así como materia prima para ser elaborada en el extranjero, espacio donde frecuentemente ocurrían las epifanías iluminadoras del ser nacional que en el mismo territorio nacional se daban como fenómenos opacos. En términos simbólicos, Europa era el Logos, la razón, el orden natural reflejado en las ciudades primadas de América; el interior americano era el espacio de las pasiones y de las violencias bárbaras, tierra de misión.

En la historia de la filosofía se reconoce el origen del derecho natural moderno en el estoicismo griego y romano. José Joaquín Brunner prolonga este modelo cultural, pero en otra etapa del liberalismo: ya las nacionalidades están definidas y la institucionalidad puede reorientarse más eficientemente para servir los procesos de importación-exportación. Y otra vez los bárbaros —los que proponían la alternativa socialista— han sido militarmente derrotados. En la economía neoliberal contemporánea los Estados nacionales ahora son más bien una impedimenta para los procesos de segmentación, distribución y periodización de la producción, distribución y consumo propios de una economía realmente transnacionalizada. Las masas marginalizadas por los modelos económicos neoliberales sólo tienen en el nacionalismo y en los mitos del Estado-nación el espacio para su reivindicación. Sin embargo, en la medida en que el nacionalismo no responde a la lógica del nuevo orden imperial, para Brunner esta respuesta no es apropiada. Es preciso realinear la razón para actuar de acuerdo con su orden natural. Esto requiere tres pasos: resignarse a esa lógica, denunciar las convenciones culturales que impiden esa resignación y reconstruir la virtud en la imagen del Sabio apropiado a los nuevos tiempos, el tecnoburócrata. En lo que resta seguiré estos pasos para señalar, ya definitivamente, que el discurso cultural de José Joaquín Brunner configura un neoestoicismo.

En este contexto queda aclarada la concepción de Brunner en cuanto a la monstruosidad "contrahecha, deforme, disparatada" del ser latinoamericano. Somos los seres motivados por las energías perversas de las pasiones nacionalistas revolucionarias que nos arrastran a la violencia. De allí nuestro Destino en las décadas recientes. Debemos reconocer nuestra naturaleza y resignarnos a que nuestro espacio natural es la dependencia y la modernidad dependiente. Aspectos retóricos de la argumentación revelan en Brunner un temple de ánimo de desesperanza resignada ante la avasalladora introducción de la modernidad desde el exterior, desde tierras lejanas. Ella asume identidad de "Leviatán" —monstruo marino, descrito en el libro de Job, y que los Santos Padres entienden en el sentido moral de demonio o enemigo de las almas—. En ello hay una referencia directa a la violencia militar con que fuera impuesta la modernidad neoliberal en Chile a partir de 1973. Brunner indica que "América Latina esta condenada a la modernidad" (p. 199); quienes son incapaces de reconocer su operación "eficaz" son personas neurotizadas, pues "se condenan a sí mismas a permanecer en el terreno del voluntarismo ideológico" (p. 220); ese poder foráneo "detenta, además del control sobre las dinámicas económicas y militares, una contundente hegemonía cultural" (p. 235); citando al historiador Fernand Braudel, se indica que, en las "zonas marginales y dependientes", "la vida de los hombres evoca el purgatorio, cuando no el infierno", para luego comentar que su "integración subordinada en la división del trabajo y su participación segmentada en el mercado internacional las arrastra [...] tras una modernidad que sólo aprovechan contradictoriamente, que penetra a ellas por todos lados causando efectos inesperados, a veces perversos..." (p. 234); "Condenados a vivir en un mundo donde las imágenes de modernidad —y de modernismo— nos vienen de fuera, y se vuelven obsoletas antes de que alcancemos a materializarlas, nos encontramos atrapados en un mundo donde todos los símbolos se evaporan en el aire. América Latina: proyecto, entonces, de ecos y fragmentos, de utopías y pasados, cuyo presente sólo podemos percibir ya como una crisis continua" (pp. 237-238); "...participación segmentada y diferencial en un mercado internacional de mensajes que 'penetra' por todos lados y de maneras inesperadas el entramado local de la cultura, llevando a una verdadera implosión de los sentidos consumidos /producidos/ reproducidos y a la consiguiente desestructuración de representaciones colectivas, fallas de identidad, anhelos de identificación, confusión de horizontes temporales, parálisis de la imaginación creadora, pérdida de utopías, atomización de la memoria local, obsolescencia de tradiciones" (p. 218).

Por causa de esta resignación sobreviene un rechazo intransigente de todo subjetivismo y de toda emoción desbocada —se trata del "pathos" estoico, palabra que Brunner usa con frecuencia— de raigambre en el juicio histórico del siglo XIX. La modernidad quedó cimentada realmente en Latinoamérica sólo en la década de 1950, como parte de un Destino impersonal, de procesos estructurales propios de la dependencia, en cuya lógica la voluntad de los "pensadores modernizantes", entendidos como intelectos superiores, maestros de sus pueblos, según el individualismo liberal, poco tuvo que ver: "la modernidad ha nacido en América Latina no de la cabeza de los modernizadores y la irradiación de sus ideas en las cabezas de sus contemporáneos, sino mediante la operación de los aparatos culturales que la producen, incluso a espaldas de nuestros intelectuales"[17]; "La modernidad madura, aquella que se desarrolla, gradual y disparejamente a lo largo del siglo XX, por el contrario, no es obra de la razón de los filósofos sino el producto heterogéneo de las racionalidades aplicadas: del mercado, de las burocracias y tecnocracias, de los intelectuales, de los sindicatos, de los grupos religiosos, de las empresas transnacionales, de los ejércitos victoriosos, de los medios de comunicación y de las creaciones tecnológicas. La modernidad madura es, por tanto, el despliegue de las diversas racionalidades que coexisten y pugnan en el seno de cualquiera sociedad que ha alcanzado un relativo grado de 'modernidad', o sea, de desarrollo productivo, de diferenciación cultural urbana y de complejidad organizacional"[18].

Del mismo modo como los estoicos buscaban levantar mapas de los campos de fuerza de la realidad, adecuar la razón para captar la lógica de esta racionalización neoliberal de la sociedad implica levantar el mapa de espacios reales y no ilusorios, en que el ser humano monstruoso intercambiará las energías que lo constituyen:

La cuestión crucial es, a mi juicio, la incorporación de la modernidad a nuestras sociedades y a nuestras culturas, bajo el impulso de la integración subordinada a los mercados internacionales y sus efectos en el despliegue de las múltiples racionalidades que conforman la sociedad. Intelectualmente esto significa repensar la democracia, ahora, como el único marco de procedimientos, comportamientos y valores que permite a una sociedad diferenciada organizarse políticamente y autogobernarse. Significa pensar el mercado como un lugar central de la coordinación de esa sociedad y como su punto de fuga y descentramiento hacia el futuro, en vistas de que sólo a través de las interacciones de mercado logra regularse la producción de la sociedad por sí misma e integrarse a los flujos más dinámicos de la innovación. Significa pensar el Estado como el mecanismo más poderoso de intervención en los mercados y, por tanto, como el agente de la regulación de las racionalidades diversas que pugnan en la sociedad en vistas a impedir que todas ellas sean reducidas a la mera funcionalidad de las interacciones de mercado. Significa, por fin, repensar las relaciones entre democracia, mercado y Estado en función de las exigencias de una racionalidad comunicativa a través de la cual públicamente se afirman valores capaces de obtener un consenso argumentado y políticamente elaborado. Este último punto implica tomar en serio los fenómenos de la cultura de masas, pues es allí donde eventualmente esa racionalidad comunicativa debe materializarse. [19]

No obstante, Brunner nos alerta ante el hecho de que hasta hoy perviven esencialismos irracionalistas sobre la concepción de las identidades nacionales. Brunner los atribuye a residuos en el ideario de una intelectualidad que todavía persiste en pensar dentro del marco de las ideologías épicas y epopéyicas de las oligarquías liberales del siglo XIX. Las oligarquías habían postulado la lucha entre el ser humano y la naturaleza como el motor principal de la historia continental. De esa imagen habrían surgido los mitos de fundación e interpretación de una civilización exótica, de identidad única e intransferible, impugnable ante las fuerzas externas instauradoras de la dependencia. Sin embargo, precisamente por esa fundación, se habría formado un perfil de Latinoamérica que la distanció fatalmente de la historia europea, de la modernidad deseada y temida, sin que, en última instancia, se hubieran podido detener las dinámicas de la dependencia. Estos residuos tendrían dos perfiles: el "macondismo" y el esencialismo católico de lo popular. Más aún, Brunner involucra a la izquierda marxista-leninista en esta tradición, en la medida en que, a pesar de su cientificismo modernista, erigió un sujeto cultural nacional-popular nunca definido en sus características. Por tanto, por implicación indirecta ese sujeto comparte los misterios del macondismo y del esencialismo católico. Por último, Brunner dedica un acápite aparte para descalificar la hipótesis de las "carencias" intelectuales e históricas americanas argumentada por Octavio Paz.

En cuanto al primero de estos esencialismos, Brunner comenta que "Macondo es también una movida sobre el tablero de ajedrez donde se juega la partida del desarrollo. Significa: 'no podrán imponernos un patrón de modernización que no calza con nuestro misterio'. Mientras los otros vienen a comprar y vender, nosotros respondemos con un gesto noble que enaltece nuestro espíritu. Hablamos de moral y religión y literatura, todo mezclado, bajo la inefable metáfora 'macondiana'. Es el antiguo gesto del aristócrata empobrecido frente al mercader o banquero que hace sonar su portamonedas bajo nuestras narices. Con Flaubert seguimos creyendo que el burgués es un animal que no entiende el alma humana"[20]. En cuanto al esencialismo católico, "la historia de las modernizaciones se habría hecho de espaldas a esa, la verdadera síntesis cultural latinoamericana, que a pesar de todo volvería a reaparecer, con resistente constancia, por ejemplo en las culturas religiosas populares, a través de los ritos anteriores a la escritura"[21]. Para referirse al esencialismo marxista-leninista, Brunner es lapidario: "Lo nacional-popular, me parece, forma parte de un discurso —de derechas e izquierdas, cada uno a su modo— propio del siglo XIX, de impronta romántica que en el presente siglo fue recuperado por los populismos, los populistas, los nacionalistas y por cierta izquierda que se negaba a reducir la cultura nacional a sus desnudas dimensiones de clase [...] Hoy día, creo, no tiene ya sentido hablar 'en nacional-popular' de la misma manera como pudimos hacerlo hace veinte años o a mediados de siglo. Ni siquiera se sostiene dicho discurso en los países con fuerte presencia de tradiciones indígenas, también ellos embarcados en la empresa histórica de incorporar la modernidad en sus culturas, de escolarizar a su población, de diversificar sus códigos simbólicos, de diversificar sus patrones de consumo y de internacionalizar sus territorios simbólicos" [22].

Brunner descalifica la hipótesis de Octavio Paz argumentando que por "semejante camino arribamos a la conclusión de que casi todo lo que se supone necesario para poder llegar a la modernidad nos habría faltado: una reforma religiosa con Lutero a la cabeza, una sociedad civil como la descrita por Tocqueville para el caso de los Estados Unidos, una ideología liberal-universalista que permitiese al ciudadano-individuo desarrollarse, una ética calvinista para inspirar el ahorro, la inversión y el trabajo" (pp. 6-7). Indudablemente, tras la noción de "carencias" históricas de Octavio Paz yace una extraña noción de homogeneidad potencial de la especie humana en la producción de cultura. Es posible especular que ella implicaría la posibilidad de que Latinoamérica pudiera haber reproducido los ciclos culturales europeos en la medida en que había sido integrada a su esfera de influencia. Para Brunner esto es del todo inaceptable en medida proporcional a su vehemente afirmación de la excepcionalidad de la cultura periférica.

Finalmente disueltos los esencialismos latinoamericanos —irónicamente tildados como Macondoamérica— no quedan sino las imágenes de los medios de comunicación transnacionalizados, Tamaramérica —la modernidad marchando aceleradamente hacia la postmodernidad:

La cultura se vuelve entonces, finalmente, una formación social de masas, tendencialmente internacional, de base progresivamente industrial, altamente diferenciada y no controlable desde ningún centro. Una cultura, por lo mismo, descentrada, desterritorializada. Que no refleja ya el alma de ningún pueblo sino los deseos y anhelos y la sensibilidad y el trabajo de una 'nueva clase' —los productores y mediadores simbólicos— y, a la vez, el 'trabajo' generativo de millones de receptores-consumidores que procesan, interpretan, se apropian y viven a su manera, individual y a veces colectivamente, esa masa de signos producidos y transmitidos. [23]

Como en el estoicismo romano tardío, finalmente el ser y la historia se disuelven en la energía de una totalidad imperial fantasmagorizada:

'El ojo no ve cosas sino figuras de cosas que significan otras cosas'. Sólo la molicie intelectual nos lleva a pensar que la historia se fija en la 'figura de las cosas'. Detrás de ellas o por ellas envueltas, sin embargo, esas figuras 'significan otras cosas'. A través de los signos habla la ciudad moderna, sin que podamos ya saber 'que contiene o esconde' y debamos un día partir 'sin haberlo sabido'. La conciencia ingenua, igual que la conciencia gloriosa de Macondoamérica, son tradiciones que ya no existen; quedaron sepultadas bajo los signos que danzan en la conciencia de Tamaramérica (como música mínima y repetitiva) comunicando de un lado a otro —hasta más allá de 'la tierra final'— el descubrimiento de su propia modernidad. [24]

El neostoicismo de José Joaquín Brunners queda ya definitivamente perfilado con su ensayo, *La Felicidad de los Modernos*, FLACSO, Serie Educación y Cultura, de octubre de 1992. Plantear la felicidad como cuestión central es desusado para los protocolos de aspiración impersonal y hierática propios de la sociología latinoamericana. Sin embargo, la inercia de su discurso hacía que la pregunta fuera inevitable, como también era ineludible que, al plantearla, se reiterara la ironía incómoda y ambigua de que la modernidad, con sus promesas, maravillas y portentos, también traiga consigo alienaciones y sufrimientos: "¿Puede la Ilustración —es decir, el pensamiento de que sería razonable ser feliz— volverse a corporizar en nuestra sombría modernidad?" (p. 2). La estrategia de disquisición hace de este ensayo uno de los textos más extraños en el repertorio de José Joaquín Brunner: la pregunta planteada demandaba una dilucidación filosófica de la universalidad de la "buena vida" como cuestión prioritaria, en que el ensayista debía correr el riesgo de romper los protocolos profesionales exponiendo a la mirada una intimidad existencial. Brunner más bien evita esta desnudez, refugiándose en una jerga sociológica que, de manera fría, morosa, obsesionada y a todas luces masoquista, describe imperativos sistémicos de la modernidad ante los que el ser no tiene alternativa ni resguardo.

Sin embargo, esos momentos de transparencia filosófica con tono de intimidad no son escasos. Estos pasajes entregan la imagen de alguien que intenta el rescate angustiado de cualquier hálito de vida remanente en un ámbito permeado por las reglas de la farsa que ahora se han transformado en género grotesco: la vida en la modernidad requiere que los seres humanos suspendan la imaginación que lleva a la crítica de la cultura y actúen como máquinas mientras éstas asumen la vida de que ellos son vaciados. Hacia la tercera parte del ensayo Brunner reconoce ya sin tapujos la magnitud de la tarea: "partiré por descubrir el cadáver de la felicidad y declarar —al igual que hace la tradición de la sociología— que ella nació muerta, triturada por la complejidades de la modernidad" (p. 19). La muerte está en los determinismos de "la intensa racionalización de la vida, su burocratización, la mercantilización de las relaciones, la masificación urbana, la alienación, la fragmentación, el anonimato, la erosión de las solidaridades comunitarias, la creciente complejidad de los mundos de vida, la sobresocialización del individuo, la desvalorización de las tradiciones, la represión, la pérdida del sentido de trascendencia, el desencantamiento del mundo, la pérdida de plausibilidad de lo sagrado" (p. 11).

Si es que en la Reconstrucción Primera se privilegió la figura del tecnoburócrata como guía de pueblos, ¿qué duda queda ahora de que a esta figura le aguarda la tarea indeseable de guiar a la humanidad en los espacios de la muerte? En este trayecto otras tres figuras humanas desvitalizadas aparecen para acompañar al tecnoburócrata traductor-transculturador: *el consumidor* ("El atractivo de pasearse por un 'mall' comercial no consiste necesariamente en comprar; es tener a la mano esas opciones sustitutivas de la felicidad", p. 23); *el conformista*, que es "la expresión moderna del ciudadano como sujeto político gobernado. Su vida transcurre en la esfera de la 'opinión pública'; su expresión preferente es a través de los 'sondeos' de opinión y de las encuestas". Su felicidad está en "retraerse sobre la defensa de su 'pequeño mundo cotidiano', sobre el cual él ejerce, por lo menos, un mínimo de control" (p. 23); *el productor*, quien queda conectado "a unos dispositivos socialmente organizados de producción, los cuales se comportan crecientemente como 'máquinas' autónomas [...] dispositivos sujetos exclusivamente a los movimientos de los mercados. El productor, en su fantasía, se convierte en una pieza en medio de 'los gestos de lo útil'. Pessoa lo capta en unos pocos versos, mucho más lúcidos que un tratado de sociología: *'¡Ah, poder expresarme todo como un motor se expresa! / ¡Ser completo como una máquina!* '" (p. 26).

Brunner recapitula afirmando que "la modernidad procura ambiguos accesos a, y sustitutos de, la felicidad en los mundos fundantes de la experiencia contemporánea: de la producción, del mercado, del control y de la experiencia de sí mismo como representación de roles individuales y comunitarios. En otras palabras, sólo hay felicidad ocasional, ambigua, incluso 'dolorosa felicidad' para los modernos porque las estructuras básicas de su época, los ámbitos en que vive su vida, y las percepciones que ha llegado a tener de sí mismo, así lo determinan" (p. 26). Llegado a este punto, Brunner retorna inconscientemente a la antigüedad que habitaran los estoicos, que también fueron seres solitarios, ensimismados y atomizados, dispuestos a diluirse en el campo de energía del imperio para vivir la única semblanza de felicidad posible:

Digamos así: lo que sea que entendamos por felicidad, ella parece encontrarse disponible, bajo las condiciones de la modernidad, sólo en medio del tráfico incesante de la vida que ocurre en torno a las configuraciones que son más propias de ella; como demanda (postmaterialista) dentro de las formas de la cultura de masas, como obtención de satisfacciones simbólicas en los mercados, como invención de nuevas posibilidades de 'poder', como ironía en el sentido del ironista de Rorty que reconoce la contingencia de su léxico último con el que nombra la felicidad como descubrimiento de 'mi corazón mercado' —la felicidad como bazar del corazón— o, finalmente, como fragmento de intimidad, si acaso se logra sustraerla a la 'resolución del ser en valor de cambio. (p. 27)

Para terminar esta Reconstrucción Segunda, es necesario señalar que, aunque Brunner descalifica a Francis Fukuyama por trivial, su esquema general de argumentación sugiere que indirectamente coincide con él: ambos llegan a la conclusión hegeliana del término de la historia, en la medida en que los vencedores y los vencidos se reacomodan óptimamente dentro de una lógica social —la modernidad para Brunner; el liberalismo para Fukuyama— que supuestamente agota la posibilidad de que la imaginación humana pueda encontrar mejores alternativas para reafirmar el ámbito de la vida.

Coda en romance

Debe reconocerse que el mero hecho de enunciar cualquier discurso —por muy nihilista que sea— equivale a manifestar una esperanza de vida o un entendimiento de su significado. De lo contrario, permaneceríamos mudos. Enunciarlo demuestra una conciencia alerta y repleta con los estímulos de su entorno. Escribir un texto nos obliga a poner en uso nuestra columna vertebral para erguirnos verticalmente sobre nuestro entorno, ampliar el radio de nuestra visión y entendimiento e iniciar un viaje imaginario del que daremos testimonio simbólico con nuestra voz y escritura. Como lo demuestra José Joaquín Brunner, en el viaje testimonial el ser se ve llamado a discernir sobre cuestiones fundamentales como el sentido de la vida y de la muerte, de la felicidad, del fin primero y último de la vida y, lo que es más grave, a allanarse a la contemplación maravillada de que las opciones vitales con las que hemos jugado nuestro destino hasta ese punto nos pueden contemplar con la impasividad de ser tanto correctas como equivocadas. A muy largo plazo no estaremos allí para comprobar o atestiguar su trascendencia. Ante esto sólo queda el recurso de la fe en el bien. De allí que enunciar un discurso de reflexión cultural es ingresar consciente o inconscientemente al espacio del romance como género retórico.

El romance implica una trayectoria que, en retrospectiva, podemos interpretar como un avance lineal hacia un objetivo deseable y compartido comunitariamente. Sin embargo, en el proceso de experimentar las incidencias inmediatas de ese avance, esa misma linea más bien aparece como el viaje por un laberinto en que el ser rebota repetidamente entre el mundo deseable, de la vida, de la luz, de la lucidez mental, de la solidaridad, de la salud y de la felicidad y el mundo indeseable, de la muerte, de la oscuridad, de la confusión, de la soledad, de la enfermedad y del sufrimiento. La experiencia de estos sufrimientos constituye la materia prima del melodrama. Sin embargo, el mismo hecho de vivir obliga al ser a defenderse del sufrimiento prolongado y del dispendio innecesario de energía que éste implica. Ello lleva al ser a drásticas soluciones: amputaciones, remedios a veces más intolerables que el mismo mal que combaten, separaciones, suicidios, reconocimiento de derrota, capitulaciones, voluntad de adaptación a reglas de juego de otra forma inaceptables. Esta es la incómoda materia prima de la farsa. La farsa corresponde a las distoriones del mundo a que intelectuales como José Joaquín Brunner tuvieron que allanarse para sobrevivir y producir bajo la represión militar. Pero una vez pasado el tiempo, dejada atrás la trayectoria por el mundo indeseable, afirmada la supervivencia, deseamos celebrar el triunfo de la vida. Así es como el romance culmina en un ritual cómico. La comedia es una ceremonia ritual en que, al final del camino, lo viejo y lo invernal, lo joven, lo nuevo y lo primaveral han llegado agotados y suspenden la lucha entre sí para allanarse a vivir juntos e inaugurar una nueva comunidad, con la esperanza de que en el nuevo orden prevalezca lo primaveral que promete una nueva vida.

El 23 de octubre de 1990 se realizó una ceremonia especial en el Salón de Honor de la Universidad de Chile[25]. En él José Joaquín Brunner fue incorporado como nuevo miembro de la Asociación Chilena de Ciencia Política (ACHICP). En el nuevo gobierno de la Concertación de Partidos por la Democracia ya había ocupado los cargos técnicos de director de la

Comisión Nacional de Televisión y del Comité de Estudio de la Educación Superior . Brunner leyó un breve discurso titulado *Las Bases Pragmáticas de la Política*. En él daba cuenta con placentera sorpresa de los acuerdos logrados por la Comisión de Estudio de la Educación Superior en sus consultas para llegar a un balance adecuado entre "las fuerzas de lo político, la administración y los subsidios públicos, por un lado, y las fuerzas que se expresan a través de los mercados, por otro" para la formación de nuevos académicos y el desarrollo de la investigación científica y tecnológica. En el proceso Brunner había descubierto la existencia de un universo de seres animados por motivaciones similares a la suya: un "consenso latente", una "disposición latente" que "existen incluso más allá de lo que nosotros mismos estamos dispuestos, a veces, a aceptar". La experiencia había superado "nuestra cultura académica 'adversaria', construida durante largos años de polémicas sectarias y obligada a defenderse frente a un medio hostil, antiintelectual y autoritario". El discurso era, por tanto, la apología de virtudes estoicas que, en las disputas políticas de la transición hacia la democracia en Chile, ha dado en llamarse "pragmatismo": "El pragmatismo posee su propia pasión. No reduce todo al cálculo de oportunidades, pero desea explorar la realidad social hasta sus límites, a fin de entender cómo podrían transformarse sus partes. No se satisface con denunciar causas y proclamar verdades e ideales, sino que se empeña por identificar posibilidades y actúa sobre ellas, con la vista puesta en los efectos que podrían obtenerse".

Pero el discurso de Brunner fue precedido por el del septagenario Presidente Patricio Aylwin, muy antiguo político del Partido Demócratacristiano. Si consideramos los rasgos generales del pensamiento de José Joaquín Brunner, esta secuencia no dejó de ironizar su heterodoxia de la acción política eficiente, en la medida en que Aylwin lo contradecía reafirmando la ortodoxia cristiana: "Maquiavelo no rechaza los valores morales, no llama bien al mal ni mal al bien. Simplemente niega a los valores morales toda aplicación en la política, con lo que legitima la inmoralidad política. Para él lo importante en la política es la eficacia, obtener el resultado que se quiere". Más aún, la ironía también se manifestaba a escala mundial con el recrudecimiento de los nacionalismos que desmantelaron a la Unión Soviética, al campo socialista y a Yugoslavia, mientras que en la antigua Alemania Oriental resurgía la xenofobia nazi.

NOTAS

1 Ver las declaraciones de Carlos Altamirano en Patricia Politzer, *Altamirano* (Santiago de Chile: Ediciones Melquíades, 1990).

2 Tomás Moulian, "Socialismo y Nueva Izquierda". *Revista de Crítica Cultural* (Santiago de Chile), N° 5, julio de 1992.

3 "Preguntas a José Joaquín Brunner". *Revista de Crítica Cultural* (Santiago de Chile), N° 1, mayo de 1990, pp. 20-25.

4 En la Serie Educación y Cultura: "Tradicionalismo y Modernidad", N° 4, diciembre, 1990; "La Libertad de los Modernos", N° 16, diciembre, 1991; "América Latina en la Encrucijada de la Modernidad", N° 22, abril, 1992.

5 Hernán Vidal, *Literatura del boom e ideología liberal: surgimiento y crisis* (Buenos Aires: Ediciones Hispamérica, 1976).

6 José Joaquín Brunner, *Un espejo trizado* (Santiago de Chile: Facultad Latinoamericana de Ciencias Sociales (FLACSO), 1988), p. 212. De aquí en adelante citaré número de página directamente si pertenece a este texto.

7 En lo que denomino "géneros retóricos" sigo, en líneas generales, los argumentos de Northrop Frye en "Archetypal Criticism: Theory of Myths". *Anatomy of Criticism* (Princeton, New Jersey: Princeton University Press, 1973)

8 "Tradicionalismo...", p. 4.

9 Gershen Kaufman, *Shame. The Power of Caring* (Cambridge, Massachusetts: Schenkman Books, 1985).

10 "La libertad...", p. 74.

11 Leo Strauss, *What is Political Philosophy? And Other Essays* (Glencoe, Illinois: The Free Press, 1959); *Natural Right and History* (Chicago: University of Chicago Press, 1953); *Studies in Platonic Political Philosophy* (Chicago: The University of Chicago Press, 1983).

12 José Joaquín Brunner, *La cultura autoritaria* (Santiago de Chile: Facultad Latinoamericana de Ciencias Sociales (FLACS); Latin American Studies Program, University of Minnesota, 1981).

13 Hernán Godoy Urzúa, *Chile en el ámbito de la cultura occidental* (Santiago de Chile: Editorial Andrés Bello, 1987).

14 E. Zeller, *The Stoics, Epicureans and Sceptics* (London:

Longmans, Gree, and Co., 1892)); A.A. Long, ed., *Problems in Stoicism* (London: University of London, The Athlone Press, 1971); Andrew Erskine, *The Hellenistic Stoa. Political Thought and Action* (Ithaca, New York: Cornell University Press, 1990).

15 A.A. Long, p. 226.

16 Hernán Vidal, *Literatura del boom...*

17 "Tradicionalismo...", p. 43.

18 "Preguntas a ...", p. 24.

19 Ibid., p. 26.

20 "Tradicionalismo...", p. 25-26.

21 "Preguntas...", p. 21.

22 "Tradicionalismo...", p. 36.

23 Ibid., p. 44.

24 *América Latina en la Encrucijada de la Modernidad.* FLACSO, Serie Educación y Cultura, N° 22, abril, 1992.

25 Patricio Aylwin, José Joaquín Brunner, Gustavo Lagos, *Etica y política* (Santiago de Chile: Editorial Andrés Bello, 1991)

MARCO ANTONIO DE LA PARRA

A rato de iniciado el monólogo teatral en que increpa al dictador, *Carta abierta a Pinochet* (1998)[1], Marco Antonio de la Parra súbitamente se pregunta, "Yo ¿quién soy yo?" (p. 18).

Cristian Cottet ha intentado una respuesta[2]. Me habló del significado emblemático de la portada de *La mala memoria,* el testimonio en que el autor habla de su vivencia de los años de la dictadura militar[3]. Allí De la Parra aparece elevado por sobre la ciudad de Santiago de Chile, vistiendo de negro, con un abrigo largo. Su pose recuerda simultáneamente las figuras cinematográficas de un vampiro o de un ángel de *Alas del deseo,* la película del alemán Wim Wender, o su versión norteamericana, *Ciudad de ángeles,* con Nicolas Cage y Meg Ryan. Es una figura ambigua. Representa tanto el bien como el mal conviviendo en una sola encarnación. Esta convivencia de impulsos polarizados se mantiene por un factor común —tanto a esos vampiros como a aquellos ángeles los anima un descontento radical con su naturaleza ontológica. Son seres humanos perecederos que desean la eternidad bebiendo la sangre de otros en un pacto satánico; o son seres instalados en una eternidad etérea que desean abandonarla para gozar la sensualidad de lo material a través de cuerpos humanos perecederos.

La intuición de Cristian Cottet implica que en Marco Antonio de la Parra tenemos a un autor con la desmesura necesaria para elevar la historia chilena reciente a un cuestionamiento de la ontología humana, mientras simultáneamente la trivializa enmascarándola con íconos creados por la industria cultural. Se trataría de una obra tensionada por un núcleo terriblemente trágico, pero siempre haciendo es-

fuerzos para que aparezca como una broma sin mayor trascendencia. Su testimonio *La mala memoria. Historia personal del Chile contemporáneo* (1997) agrava la situación. Con
alevosía, allí busca persuadir al lector de que su experiencia personal de lo que fue la dictadura tiene carácter
paradigmático. Es decir, se monumentaliza a sí mismo. Y
para hacerlo habla, habla, habla, y habla...

Pero también se intuye que esa trivialización esconde
algo verdaderamente importante. La autoridad militar tuvo
una intuición similar cuando el Teatro de Ensayo de la Universidad Católica intentó estrenar la primera obra teatral de
importancia de Marco Antonio de la Parra, *Lo crudo, lo
cocido, lo podrido* (1978). Canceló el debut de la obra; más
tarde fue estrenada por el Teatro Imagen, compañía independiente. La oposición antimilitar interpretó la obra como
una crítica a los procesos psíquicos masivos que condicio-
nan el surgimiento del autoritarismo político. Surge la pregunta: ¿qué tipo de broma se oculta detrás de tanta cháchara-
ra?

Paradójicamente, entender la "broma" de Marco Antonio
de la Parra implica desenmascarar su "seriedad". En esto
no hay mayores dificultades. El aparato conceptual de su
obra se origina en la experiencia profesional como psiquia-
tra de orientación freudiana. El autor no tiene reparos en
declarar su creencia en un inconsciente colectivo nacional y
que la función social del escritor es servir de canal para los
sueños de la colectividad. El acto de aliviar la neurosis de
un paciente sufre una trasposición megalomaníaca, la de
psicoanalizar a toda la cultura chilena. Y, en realidad, se
justifica concebir su literatura como una metonimia psicoanalítica del colapso del orden institucional del Chile anterior
a 1973, de las raíces del colapso y de sus consecuencias.
Varios aspectos de este arbitrio demuestran al autor como
uno de los escritores más coherentes en la representación
de la catástrofe social que marcó el fin de la democracia
chilena en 1973: la violenta destrucción de un universo simbólico antes compartido por la mayoría de la población; la
consiguiente pérdida de identidad y el profundo sentimiento
de duelo; la inercia emocional de los remanentes del
antiguo universo simbólico como reacción inadecuada y

disfuncional para superar el trauma; la búsqueda de condiciones para restablecer formas más estables de comportamiento y expresión emocional.

A través de los años el autor ha explorado la complejidad de esta metonimia, su significado, consecuencias y su potencial artístico, detectando nuevas opciones a la vez que encontrando callejones sin salida para responder a incitaciones históricas y personales. Inicialmente De la Parra elaboró la historia de Chile con premisas del movimiento de Derechos Humanos guiadas por una ortodoxia psicoanalítica. Ello terminó en una ruptura nihilista nietzcheana que luego llevó a recurrir a un budismo zen para escapar de la repetición perenne de esquemas culturales como proponen Freud y Nietzsche. En el trasfondo está Marx con su concepción de la humanidad como especie capaz de autotransformarse conscientemente en medio de determinismos fuera de su control.

Si esta apreciación es válida, pueden reconocerse tres ciclos en la obra de Marco Antonio de la Parra. El ciclo segundo pareciera establecerlo como escritor postmodernista. La creencia de De la Parra en un insconsciente colectivo hace que el conjunto de metáforas y símbolos fácilmente trasbase la historia chilena y se convierta en una inquisición del sentido de la historia de toda la especie humana. En este sentido, quizás su símbolo principal sea el de la humanidad como heredera espiritual de los monos enfermos y neuróticos que, desde el comienzo de la especie, forzaron a sus descendientes a continuar el trabajo aburridor y agotador de mantener en pie la cultura. De aquí surge la "broma" de Marco Antonio de la Parra.

El Movimiento de Derechos Humanos en Chile:
La Cultura de la Vida contra la Cultura de la Muerte

A medida que la oposición antimilitar se fortalecía y las violaciones de Derechos Humanos por el gobierno militar aumentaron como respuesta, el movimiento de Derechos Humanos en Chile planteó la situación como la lucha de la Cultura de la Vida contra la Cultura de la Muerte. Hasta las protestas nacionales iniciadas en mayo de 1983, el gobierno militar había entregado las tareas de la represión a grupos pequeños de los diferentes servicios castrenses y a la DINA, la unidad secreta de inteligencia creada en 1974. La tarea principal de la DINA fue la neutralización del liderato y de las redes clandestinas de la Izquierda, en especial el Partido Comunista (PCCh) y el Movimiento de Izquierda Revolucionaria (MIR). Ejecutaron esta tarea con eficiencia silenciosa, precisión quirúrgica y preferiblemente de noche para evitar testigos. Estas acciones resultaron en desapariciones de prisioneros no tanto para eliminar a opositores sino también para crear confusión en la Izquierda clandestina. Los asesinatos en la vía pública fueron ejecutados dando información suficiente a los medios de comunicación para que todos supieran que nadie estaba más allá del castigo.

Con la Constitución suspendida y los partidos de la oposición no-marxista declarados en receso, la represión militar sirvió para imponer la política económica neoliberal sin cortapisas. "Modernizaron" la economía nacional como complemento del mercado transnacional. La base industrial construida en las décadas precedentes se arruinó por su incapacidad de competir en un mercado libre. Entraron en bancarrota las empresas comerciales que no contaban con el apoyo de la banca internacional. Se dio un desempleo masivo y una altísima marginalización social. El aumento de la exportación de productos agrícolas, la importación masiva de artículos suntuarios y la expansión de las burocracias del sistema financiero transnacional no compensaron la pérdida de trabajos. Para reducir el gasto público y hacer más atractivo el costo de la mano de obra chilena a los inversionistas extranjeros, el gobierno militar redujo drásticamente el seguro social y los gastos fiscales en educación y salubridad. La Iglesia Católica repetidamente denunció la ética liberal instaurada puesto que el individualismo egoísta llegó a reemplazar a la comunidad de hermanos unidos en el cuerpo místico de Cristo y compartiendo beneficios y obligaciones. La noción de comunidad había cedido ante el frío cálculo de las ganacias, el consumismo y la sensación de seguridad que las clases favorecidas encontraban en la represión militar. Esta situación fue descrita como la Cultura de la Muerte. Se trata del Principio de Realidad freudiano en la concepción literaria de Marco Antonio de la Parra.

Durante las primeras etapas del régimen militar la oposición se expresó a través de actos culturales altamente ritualizados: recitales de poesía de algunos de los íconos culturales más venerados, especialmente Pablo Neruda; conciertos de Canto Nuevo; funciones de teatro de algunas de las compañías progresistas independientes que todavía operaban. También estaban los festivales culturales de los estudiantes universitarios. El clima emocional predominante en estas funciones era de tierno afecto, preocupación y confianza en el prójimo. El cuerpo humano se convirtió en el eje de esta sensibilidad. Se la expresaba en tiernas caricias, abrazos, intimidad y amor, en agudo contraste con el espíritu competitivo y el darwinismo que predominaba en la sociedad en general. Activistas de base descubrieron que la gente perdía el temor de comprometerse con la acción política una vez que recuperaban una conciencia de su cuerpo, especialmente las mujeres. Por un largo tiempo estos actos culturales sirvieron a la oposición para mantener contacto y reconstruir una identidad política truncada, para renovar contactos, para reorganizarse. Se la llamó la Cultura de la Vida y sin duda es la base histórica para la versión ritualista del Principio de Placer que elabora Marco Antonio de la Parra.

La Cultura de la Vida era percibida como erupciones de lo reprimido en medio de las rutinas mecánicas de la vida cotidiana. Entre ellas estaban las "acciones relámpago" de la Agrupación de Familiares de Detenidos Desaparecidos. Las madres, esposas, hermanas e hijas de estos prisioneros desaparecidos tuvieron que montar verdaderos rituales para apelar a la conciencia pública y movilizarla para presionar a los militares a que revelaran el destino de sus familiares. Estas mujeres actuaban sus rituales en lugares cuidadosamente elegidos, multitudinarios, cargados de símbolos y monumerntos de la tradición histórica chilena. Para nayor impacto modulaban la postura de sus cuerpos, su voz, su discurso, el color y estilo de su ropa. Se encadenaron a edificios de importancia llevando sobre su pecho una foto de su familiar desaparecido. Más adelante las mujeres de la Agrupación de Familiares de Detenidos Desaparecidos entregaron su experiencia a los miembros del Movimiento Contra la Tortura "Sebastián Acevedo" (MCTSA), iniciado en 1983, una vez que los militares usaron la tortura como arma de disuasión preferida. El núcleo organizador del MCTSA eran sacerdotes y monjas de las poblaciones que deseaban actuar la metáfora del Cristo mutilado encarnada en los animadores cristianos de base torturados y mutilados por la policía. El ímpetu acumulado energizó las protestas mensuales masivas a que llamaron los grandes sindicatos a partir de 1983, una vez que la política económica neoliberal tuvo un serio deterioro. Cuando la oscuridad de la noche descendía sobre Santiago, la gente demostraba su oposición al gobierno militar golpeando ollas y cacerolas, poniendo sus equipos de stereo al volumen más alto y tocando la música más estridente. Mientras tanto la juventud de las poblaciones marginales obstruía el tráfico quemando neumáticos y enfrentándose con la policía de choque. Mediante estos rituales y carnavales la Cultura de la Vida perturbaba las rutinas de una ciudad paralizada por el miedo.

De la Parra usó teoría freudiana y estas dos concepciones de la cultura para construirse una máscara artística de adolescente. En sus "confesiones"[4] habla de haber entrado a la Escuela de Medicina de la Universidad de Chile cuando tenía dieciocho años poco antes del gobierno de la Unidad Popular y su propuesta transición pacífica al socialismo. La profunda admiración por el padre, también doctor, influyó en la selección de profesión. Fue una elección difícil por cuanto la medicina significaba aceptar la norma social —lo "correcto", lo "serio", "lo que tenía que ser"— mientras que su anterior interés por lo literario había sido una compensación emocional por una adolescencia difícil. El "balance precario" entre medicina y literatura fue puesto en mayor tensión todavía por el proceso de desestabilización institucional que llevaría al golpe militar del 11 de septiembre de 1973. Las presiones que se le hacían para que se comprometiera ideológicamente interferían con las relaciones románticas que soñaba.

De la Parra se las arregló para encontrar consuelo entre "aves raras" —estudiantes de medicina con inclinaciones similares por el teatro y la literatura: "Así es que nosotros nos atrincheramos en libros y editamos una revista literaria desubicada y rara llamada *Philodendro*. En ella escribía una mezcolanza de gente de lo más posmoderna, tipos ambivalentes y dubitativos en medio de la fiebre de las definiciones" (pp. 12-13). A la vez De la Parra exploró el budismo, la astrología, las cartas del Tarot y el I Ching. "Atrincherarse" significaba designar los locales de la Escuela de Medicina como los lugares del deseo irrestricto y la negación del Principio de Realidad circundante. Desde 1974 en adelante —el período más siniestro de la represión de la DINA en Chile— los estudiantes teatristas perseguían a muchachas y planeaban orgías "como si el golpe de septiembre del año anterior no hubiera ocurrido" (p. 15). El lenguaje de De la Parra toma tonos orgásmicos al recordar su actuación en sainetes de los festivales estudiantiles, "esa emoción de la primera vez en el colegio, la droga inolvidable de la tranquilidad allá arriba, esa ola que se lleva todo vestigio de angustia, la pasión exhibicionista descontrolada que aquieta toda duda" (p. 16); "Eso lo colmaba todo, aliviaba toda herida, hacía estallar de dicha cualquier expectativa. Era lo máximo. El primer beso, el primer amor, la primera mujer que se dejaba ir en nuestros brazos. Lo perfecto, el cielo mismo" (p. 18).

Estos estudiantes entendieron el compromiso político como el de servir como una especie de canal para expresar el inconsciente colectivo: "Paradojalmente, la prohibición [militar] de la política lo politizó todo, como si un desborde de energía contaminara todo quehacer, todo pensar. Bajo los ropajes más ingenuos las ansiedades sociales comenzaron a expresarse y crearon una instancia donde los chilenos se empezaron a soñar. Tal como el que duerme teje la trama de su sueño combinando hechos del día, retazos sin importancia de quehaceres anodinos, y los mezcla con las sensaciones más banales, ocultando bajo ello la descarga de sus más profundas angustias. El teatro, como las otras artes de la imagen, recibió ese torrente que, desviado de su cauce, fue a parar a los escenarios menos vigilados" (p. 19).

La transición de De la Parra al teatro profesional con *Lo crudo, lo cocido, lo podrido* en 1978 fue un intento de recobrar ese sentimiento de "drogadicto" de la época de estudiante —después de la graduación se vio obligado a asumir las responsabilidades del adulto, iniciar la práctica profesional, casarse, criar una familia. No obstante, hasta que él mismo se psicoanalizara, todo interés en su obra que mostraran las compañías profesionales le daban "la sensación de que saben que soy un niño, creen que soy un escritor y no lo soy, soy una estafa. Tragedia del neurótico: sentirse siempre pasado de contrabando, fraude, *bluff*, engaño sobredimensionado" (p. 34). Como creador, De la Parra eligió presentarse en público con la máscara del adolescente con problemas para ajustarse a las realidades del mundo adulto.

Primer Ciclo: Psicoanálisis de la cultura y el surgimiento de la modernidad

El tema estructural básico en De la Parra es la necesidad del asesinato ritual de la figura del Padre. Según este tema, los procesos psíquicos individuales reflejan los procesos experimentados por la sociedad en general y por toda la especie humana. Este freudianismo propone que el desarrollo cultural de la humanidad progresa desde una disciplina social neurótica, religiosa, basada en el superego y avanza hacia una administración más sana y científica de la sociedad basada en el ego y con referencia en el Principio de Realidad. La tarea de recuperar la "seriedad" de De la Parra obliga a un repaso teórico también "serio".

En el análisis freudiano de la cultura[5] el psicoanálisis mismo aparece como la culminación del proceso histórico de superar la neurosis religiosa generada por el asesinato del Padre por la "horda primordial". El asesinato fue perpetrado en venganza contra un Padre tiránico que impedía que sus hijos ya maduros sexualmente copularan con la madre y las hermanas. Frustrados en su deseo, lo mataron y lo devoraron. Como consecuencia se dio en los hijos una reacción ambivalente en que se mantuvo el odio sádico contra el Padre, pero a la vez se reconocían y honraban sus logros en la protección de la horda. La ambivalencia fue resuelta con la aparición del totemismo. Esta forma de religiosidad desplazó los significados punitivos y altruistas del Padre asesinado a una figura animal en que la tribu reconocía su origen. No obstante, la lucha entre los jóvenes continuó. Los ancianos finalmente impidieron la desintegración de la tribu forzando a los jóvenes a introyectar normas de disciplina social basadas en el temor y la lealtad a la autoridad totémica. Se estabilizó esta introyección mediante torturas simbólicas hechas en rituales de iniciación. De este modo la humanidad entró en un estadio de disciplina social bajo el dominio de un superego cultural manifestado especialmente a través de la religión y, más tarde, el Estado.

La evolución humana a partir de la recolección de alimentos naturales pasando por la caza cooperativa y el pastoralismo complejizó los mecanismos religiosos de disciplina social. Dios, el Padre aterrador, omnipotente, omnisciente, omnipresente y tiránico de la horda primordial fue desplazado gradualmente hacia los cielos. En el politeísmo el Padre primordial tuvo un período transitorio de pérdida de poder. Con el advenimiento del pastoralismo las deidades múltiples del politeísmo quedaron racionalizadas en el Dios único, omnisciente, omnipotente, y omnipresente del monoteísmo. Sin embargo, la teoría psicoanalítica afirma que, a pesar de esta fusión, el cristianismo católico mantuvo una notable capacidad para satisfacer las formas precedentes de religiosidad: "El catolicismo contenía algo para satisfacer cualquier aspecto de la mente del hombre [sic]. Podía echar mano de los santos para satisfacer su animismo latente; podía complementar el banquete totémico de la Misa y satisfacer sus ambivalencias edípicas; podía orar a la Virgen para sublimar su amor incestuoso por la madre; podía temer a Dios Padre para calmar su conciencia. Con su riqueza religiosa casi inextinguible el catolicismo podía hacer de todo para todos" (p. 249).

La represión social asociada con la evolución de cada una de estas formas religiosas fue paralela a diversas formas de neurosis. Estas surgieron con la renuncia a diferentes formas de deseo para que los seres humanos se sometieran al altruismo necesario para el mantenimiento de la sociedad. Por ejemplo, el totemismo está asociado con las histerias de ansiedad relacionadas con las fobias contra animales; el monoteísmo está asociado con la neurosis obsesiva y la paranoia. En particular, el cristianismo se caracteriza por la ilusión de la omnipotencia del pensamiento (por ejemplo, creer que sólo con mirar a una mujer se fornica con ella); el espejismo de que el intelecto puede sistematizar teorías totalizadoras o teologías que expliquen la realidad en su totalidad; el ayuno de los ascetas como forma de anorexia nervosa; la homosexualidad latente en los sacerdotes que renuncian a la cópula heterosexual mientras viven en conventos y monasterios masculinos; la identificación histérica con Cristo que puede llevar a la aparición de estigmas de la crucifixión y a la erotización masoquista de todo el cuerpo; las fantasías megalomaníacas de que los individuos pueden redimir a los semejantes.

En sectores cristianos existe la opinión de que el protestantismo rompe con la historia de la alienación religiosa de la humanidad. El énfasis que hacía Martín Lutero en la responsabilidad y la conciencia individual y la doctrina del sacerdocio de todos los creyentes no sólo fue una rebelión contra los mitos eclesiásticos creados en torno a un colectivo de ancianos sabios presididos por la autoridad del Papa. Estos preceptos también marcaron la emancipación social, política, moral y religiosa del individuo anunciada por el capitalismo. En términos psicoanalíticos este proceso de secularización señaló la flexibilización de las disciplinas del superego religioso tradicional y su reemplazo gradual por los autocontroles originados en el ego. En este realineamiento la moral basada en el superego y las normas religiosas pasó a apoyar la racionalidad del ego.

En este punto el psicoanálisis freudiano de la cultura se funde con la crítica actual de la modernidad. El surgimiento del capitalismo, con su demanda de aplicación de ciencia y tecnología a la administración de la producción y de la sociedad, provocó el predominio político de personalidades anal-retentivas. Ellas fueron los árbitros y controles de la consolidación del Estado-nación moderno y de la relación del Estado con la empresa privada y la sociedad civil a través del mercado; ellas fueron las supervisoras de los ciclos de inversión cada vez más amplios en la exploración y explotación cada vez más intensa de la sociedad y de la naturaleza. Estos burócratas fueron los campeones del Principio de Realidad en cuanto administraron una concepción constructivista de la sociedad —como consecuencia de la creciente secularización de la esfera pública, la sociedad llegó a ser imaginada como producto de una mayor conciencia histórica, disciplina, voluntad y capacidad de autoregulación de la humanidad. El eje de esta construcción fue el Estado entendido como espacio de la totalización colectiva del conocimiento mediante el almacenamiento y centralización de la información y la administración de narrativas maestras de identidad nacional. Este conjunto cambió la naturaleza del superego promoviendo la lealtad de los ciudadanos al Estado y controlando la inestable relación entre la realidad social y el deber moral. La democracia y la actividad política canalizada por partidos políticos llegó a entenderse como un balance entre la homogeneidad y la heterogeneidad social y cultural, aunque la homogeneidad fue favorecida en última instancia como criterio final en la toma de decisiones y resoluciones administrativas. En su estilo tecno-administrativo las burocracias llegaron a una concepción revolucionaria-salvífica de la acción social en el flujo histórico —en la imaginación, el nexo entre el pasado y el futuro quedaba mediado por violentas rupturas salvíficas en el presente. Estas rupturas eran visualizadas mediante utopías de progreso planificado en que siempre se ha tenido que posponer el gozo del presente en aras de promesas siempre desplazadas a un futuro incierto. Más adelante las sociedades socialistas también entrarían en este juego ideológico.

Es preciso indicar que, a pesar de trabajar dentro de un freudianismo ortodoxo, la literatura de De la Parra se aleja de este marco ego-centrípeto. La razón es bastante obvia: en Chile la modernización neoliberal llegó luego de una represión militar sin precedentes en la historia del país. Los militares encarnaron el Principio de Realidad y sirvieron de superego colectivo en la reorientación de Chile hacia un nuevo rol en el mercado transnacional. En términos freudianos, De la Parra se rebela contra el Principio de Realidad.

La revuelta de De la Parra es un retroceso a la adolescencia inducida por el trauma. Esta es la importancia de su máscara artística. La adolescencia es el período en que las demandas instintivas del id y la mayor represión proveniente del superego todavía no han quedado sometidas al arbitraje del ego como órgano de exploración de la realidad objetiva. El proyecto estético de De la Parra permitió a la vez la postergación de un compromiso ideológico intenso y la satisfacción más prolongada del id. En última instancia esto resulta en una postura ideológica que se ha llamado postmodernista.

En la jerga psicoanalítica[6], sucesos catastróficos como los ocurridos en Chile antes, durante y después del golpe militar de 1973 no sólo trajeron al cuerpo social el peligro de muerte, destrucción y caos; también generaron una incertidumbre colectiva en cuanto a las normas y a las autoridades culturales. Se dio un final abrupto de los índices simbólicos que solían señalar y asegurar una concepción estable del ser en un espacio social que antes había sido "seguro" y "normal". Desde los comienzos del teatro chileno contemporáneo esa estabilidad se había plasmado en la familia "nacional", principal metáfora usada en el comentario de la contingencia histórica. Aunque De la Parra nunca lo hace explícito, en su uso de la metáfora "psicoanálisis de la cultura chilena" se hace evidente que la difusa violencia social que permea la realidad proviene de un ego colectivo encarnado en los militares. De hecho, los militares reaccionaron ante la crisis institucional con tal fuerza como para causar un profundo disturbio de energía a través de todo la psíquis colectiva. En este trauma el binomio ego-militares representa a Thanatos —el instinto de muerte freudiano. El ego-militar controló esta inundación de energía mediante el aparato represivo que creó las condiciones de estabilidad política que permitieron la imposición de un orden sociopolítico basado en el neoliberalismo económico.

No obstante, en estas situaciones la energía psíquica no controlada elude la censura del ego y se manifiesta en símbolos y acciones que representan a Eros —el instinto que tiende a la prolongación de la vida. De manera condensada y desplazada, Eros intenta reconstruir las condiciones anteriores al trauma mediante símbolos aparentemente no relacionados y distantes, guardando, a pesar de todo, algún nexo analógico con el trauma original. Se da una urgencia sexual que mezclada con alucinaciones y compulsiones por repetir el daño de manera ritualista, repetitiva, circular. Presa de estas alucinaciones y compulsiones, los seres humanos actúan como impulsados por fuerzas demoníacas. Aquí es donde se encuentra el núcleo de significación fundamental del sistema literario de Marco Antonio de la Parra.

La manifestación más clara de la rebeldía de Eros es una excitación sexual continua y prolongada que parece resistir y desconectarse de todo condicionamiento sociohistórico. Esta reacción —del todo evidente en la forma como De la Parra elaboró su máscara artística— energiza especialmente su narrativa. Un prefacio titulado "Confesión a modo de Prefacio" precede la colección de cuentos *Sueños eróticos / Amores imposibles* (1986). Allí De la Parra afirma que "he tratado de mostrar que para mí la palabra es erotismo puro, victoria sobre la muerte, excitación incontrolable; que contar cuentos (leerlos también, no hay erotismo de uno solo, hasta el más cruel onanismo tiene un fantasma en el espejo) es otra perversión gozosa; que el amor es el encuentro del cuerpo y del verbo" (p. 6).

Este tipo de excitación sexual es obvia en "Los Autos. Los Semáforos. Los Anuncios de Neón. (No recomendable para ruciecitas)", cuento juguetón sobre las fantasías masturbatorias de un adolescente, Daniel, que se siente fuertemente atraído por una rubia desconocida que viaja con él en un bus y a quien nunca se acerca. Sin embargo, en otras ocasiones esta clase de sexualidad termina en una violencia repetitiva que distorsiona el impulso vital para transformarlo en la furia criminal de una serie de asesinatos psicóticos ("In Memoriam Albert Einstein"; "Lugares Comunes"; "Para Bailar la Bamba") o en transformaciones míticas de seres humanos en animales o en personalidades que han perdido el alma y cuya identidad ahora es inmortal por haberse convertido en estereotipos o íconos "planos" manipulados por los medios de comunicación masiva. Son personajes vaciados de historicidad ("El Amor Como es Debido"; "Mitológica"; "Gotan" —la palabra tango invertida; "Rocanrol").

La distorsión del instinto de vida alcanza un grotesco máximo en "Madres". En el psicoanálisis freudiano la sexualidad genital funde todas las características anteriores del desarrollo de la personalidad para poner prioridad máxima en una concepción del orden social basada en la justicia, el amor, la paz y el reconocimiento del valor de la vida. Estos valores coinciden con los del cristianismo y energizan la megalomanía religiosa de redención total de la sociedad y de la historia. En la polifonía de voces de "Madres" se sugiere que esta megalomanía aqueja a esposas de activistas políticos desaparecidos. En la derrota del proyecto socialista chileno, su último refugio es la locura y la creencia omnipotente de que ahora son la Virgen María. Al parecer las mujeres han sido llevadas a un hospital o un centro de interrogación y tortura donde tratan de impedir que sus bebés —"Jesús", el revolucionario— abandone su vientre. Es su manera de engañar al personal e impedir la continuidad catastrófica de conflictos sociales y, por tanto, la separación de sus seres queridos.

La constante distorsión de los sucesos cotidianos en *Sueños eróticos / Amores imposibles* demuestra la importancia del concepto freudiano de "lo extraño" en la estética de Marco Antonio de la Parra. Freud explica "lo extraño"[7] como accesos fulminantes de peligro súbito o incertidumbre radical sobre la realidad objetiva en medio de la monotonía de la cotidianeidad: "una experiencia de lo extraño ocurre bien cuando complejos infantiles antes reprimidos son revividos por alguna impresión, o cuando creencias al parecer superadas se confirman una vez más" (p. 249). En la visión de mundo de De la Parra lo que reemerge en estos complejos es el Padre Primordial Chileno que retorna para castigar a Su prole rebelde. Este retorno indirectamente propone que la historia chilena contemporánea es un conflicto edípico no resuelto —el depuesto gobierno de la Unidad Popular aparece como un ejemplo más de fortaleza psíquica momentánea para que la colectividad afirme su adultez con el asesinato ritual del Padre liberal-oligárquico que fundó la República, sólo para que poco después los militares lo restauren en pompa y majestad. Freud afirma que el "instinto reprimido nunca deja de luchar por una satisfacción completa, la cual consiste en la reaparición de la experiencia primaria de satisfacción. Ningún sustituto o formación reactiva es suficiente para eliminar la tensión persistente del instinto reprimido" (pp. 50-51). Estos impulsos intentan restaurar el estado de cosas anterior al trauma — la democracia anterior al fallido asesinato del Padre Primordial Chileno. Por tanto no sólo gatillan el estado permanente de excitación sexual ya discutido sino también fobias histéricas, alucinaciones repetitivas, sueños de ansiedad y la compulsión a repetir la situación original del trauma de manera condensada y desplazada.

Como discutiera anteriormente, el significado ambivalente del retorno de la figura del Padre cultural está en que El representa simultáneamente las normas sociales que impiden la madurez psíquica y la sensación de seguridad que entrega Su orden social. En el comentario social de De la Parra las clases medias chilenas son las que más tienden a esta ambivalencia. Esto se demuestra en las alucinaciones psicóticas de la oficinista en *El deseo de toda ciudadana* (1987). En el contexto social de paranoia anticomunista y del individualismo neoliberal promovido por la dictadura, todos sus apetitos adquisitivos y todos sus resentimientos contra los jefes y compañeros de trabajo son satisfechos y vengados por un hombre extraño y demoníaco conjurado por su mente y que parece pertenecer a la policía política. En él la oficinista encuentra un sustituto para el Padre incestuoso que a la vez la sume en la locura y la protege cumpliendo todos sus caprichos.

En *Cuerpos prohibidos* (1991) —parodia del mito edípico— un psicótico de las clases bajas es adoptado por una familia de la oligarquía terrateniente. Luego llega a encarnar tanto al Hijo incestuoso como al Padre Primordial. Puesto que no conoce a su padre verdadero, lo mata sin saberlo y hace de esposo de su madre. Inconsciente de este tabú fundamental, se convierte en superhombre más allá del bien y del mal, también más allá del castigo que repetidamente se le augura. Con su monstruosa potencia sexual adquiere la capacidad mágica para revivir temporalmente las jerarquías de un orden social patriarcal-fálico que se revela especialmente como prostíbulo. En un momento de poder máximo construye Babel, gigantesco edificio, tributo a su propio pene. Poco después el psicótico llega a su fin luego de que se revela la verdad de su origen. Derrotado, ciego, pobre, sujeto a la caridad de su hija-hermana Alejandra, pasa sus últimos años repitiendo obsesivamente la narración de su historia.

La compulsión de repetir aspectos edípicos del trauma nacional contemporáneo es también el motivo central del teatro de De la Parra. *Lo crudo, lo cocido, lo podrido* y *Matatango,* ambas obras de 1978, son complejos rituales desarrollados en espacios convertidos en zonas sagradas. Seres semejantes a sacerdotes que llevan máscaras impersonales o demuestran personalidades mecánicas, "uniformes", esperan el entierro de una autoridad oligárquica, el venerable y aristocrático Senador Estanislao Ossa Moya, o la ejecución de Carlos Gardel, ícono de la cultura masiva usado para construir sensibilidades sociales masoquistas siempre dispuestas a someterse al orden oligárquico.

Segundo Ciclo:
Nihilismo nietzscheano y ruptura postmodernista

El optimismo contribuido por el Eros freudiano a la simbolización del trauma social chileno en el Primer Ciclo de obras de Marco Antonio de la Parra se origina en la promesa del inevitable retorno de lo reprimido, es decir, la democracia. Sin embargo, el id no puede ser desconectado de las otras estructuras del sistema freudiano. La experiencia del asesinato del Padre Primordial ha quedado preservada en las nuevas capas cerebrales, el cortex y los lóbulos frontales. Estos órganos han capacitado los complejos procesos de autorreflexión que caracterizan a la especie humana. La autorreflexión ha afianzado a través de miles de años el predominio de personalidades neuróticas, agobiadas por la culpabilidad. La tendencia humana a la cooperación y al altruismo en la construcción y mantenimiento de la cultura se ha transmitido genéticamente como conflicto ambivalente e inestable entre varios impulsos instintivos: el impulso al éxito sexual por parte del id; el impulso a la supervivencia individual por parte del ego; la contradicción entre la agresión contra el Padre y la conmemoración de Su altruismo por parte del superego y la perenne aparición de simbologías y rituales para disolver las formas más agudas de conflicto generacional. Desde una perspectiva freudiana, la persistencia de estos impulsos indica que, sin más, se debe aceptar una serie de suposiciones:

Primero, la supervivencia de la cultura implica la ironía de que la enfermedad mental es la base inevitable de la "normalidad" cultural.

Segundo, esto implica el imperativo de enfrentar y tratar de derrotar infinitamente al Padre Primordial en ciclos eternos, a la vez que el de detectarlo en la vida cotidiana escondido bajo máscaras y disfraces innumerables. Indudablemente, para una especie autorreflexiva estas infinitudes introducen una dimensión de aburrimiento también infinito e inevitable. Quizás el aburrimiento pueda ser atemperado con la noción de que, en sus implicaciones religiosas, la cultura es más bien una "broma cósmica" que no puede ser tomada con seriedad, que hay que relegarla al reino de la sátira o de la parodia.

Tercero, Eros es una fuerza "ciega", éticamente neutral, que afirma la continuidad de la vida más allá del bien y del mal. Esto significa un continuo desbalance en que los individuos, por afirmar la vida, quizás no tengan otra alternativa que traicionar sus más caros ideales.

Estas suposiciones se revelan en *La secreta obscenidad de cada día, Infieles, King Kong Palace, La secreta guerra santa de Santiago de Chile* y *El padre muerto*. Son obras que señalan un callejón sin salida en el proyecto estético original de afirmar la Cultura de la Vida. El valor de la vida queda sometido a toda clase de indignidades éticas. La serie superego = religiosidad termina en la neurosis como la característica fundamental de la especie humana; la serie ego = Principio de Realidad = Thanatos termina en un darwinismo militarista en que los más fuertes, los más adaptables sobrevivirán para controlar la sociedad y el sistema del mercado transnacionalizado; la serie id = Principio de Placer termina en traición.

La necesidad de superar este callejón sin salida explica

la afinidad de De la Parra con el proyecto filosófico de Friedrich Nietzsche[8]. Nietzsche llegó a la convicción de que el positivismo de su época denigraba la vida humana a un nivel animal mientras que el cristianismo complicaba la situación desconociendo el valor del cuerpo humano y de la realidad material. Nietzsche discutió este proceso bajo la máxima "Dios está muerto". Aunque Nietzsce era anticristiano, reconocía que la pérdida del sentimiento de lo sagrado como basamento de lo social había disminuido el valor de la vida. Llamó "nihilismo" a esta situación: "¿Qué significa el nihilismo? Que los valores más altos se desvaloran. Que falta un objetivo; que nuestra pregunta ¿por qué? ya no tiene respuesta" (Kaufmann, p. 103). Peor aún, la sociedad de la época era "decadente" porque había una clara conciencia de una espiritualidad enfermiza y nadie tomaba cartas en el asunto. Por ello es que Nietzsche proclamó la guerra de eliminación sistemática de toda doctrina o noción escéptica, vacía, mantenida por hipocresía, con el único propósito de dar alguna semblanza de salud al cuerpo social y a los seres humanos. Este programa nihilista aspiraba a servir de catarsis. Su ataque estaba dirigido a la Iglesia y a las instituciones políticas que usan el conformismo para cultivar una versión de lo social que, en realidad, no es más que una versión más complicada del rebaño. Especialmente atacó al Estado que los militares convertían en objeto de idolatría.

Para Nietzsche las narrativas maestras administradas por estas instituciones no podían sino conducir a errores metafísicos y epistemológicos, escepticismo que también dirigía contra la producción de conocimiento histórico. En una afirmación de directa relación con la problemática de los Derechos Humanos en Chile, Nietzsche afirmaba que, aunque todo pueblo debe guardar memoria de su historia, "lo histórico" puede resultar en la prolongación innecesaria del sufrimiento causado por el recuerdo de las catástrofes. El recuerdo obsesivo incapacita a los pueblos para las tareas del presente. Para actuar creativamente los pueblos deben olvidar, están obligados a ser "ahistóricos". Se debe trascender el desbalance entre "lo histórico" y "lo ahistórico" alcanzando "lo suprahistórico". Para el historiador esto implicaba aproximarse a los hechos con un ojo omnisciente y selectivo para transformar los sucesos más significativos en símbolos alegoricos más distanciados, de los cuales la humanidad puede aprender con un ánimo más frío y calmo. Al respecto Nietzsche hablaba de "la historia para la vida". Tal historia debía denunciar la noción darwiniana-liberal de progreso logrado por las imposiciones de los más fuertes y adaptables sobre los derrotados, como si la historia no fuera sino la acumulación de hechos perpetrados por seres esencialmente animalizados, no muy diferentes de los chimpancés.

El concepto de "historia para la vida" revela una tensión conflictiva en que los logros de los mejores especímenes de la humanidad —los filósofos, los artistas y los santos— han contribuido a la mejora de la naturaleza transformándola en cultura. Estos héroes y heroínas de la humanidad han mostrado la manera de sintetizar el conflicto entre lo espontáneo, lo vital, lo caótico, lo destructivo del Principio Dionisíaco y la tendencia a la forma, al balance, a la razón y a la belleza del Principio Apolíneo, transformando el caos en orden. Sus logros reflejan la voluntad cósmica de poder: el impulso de todo ser a manifestar y concretar al máximo sus potenciales latentes. No obstante, lo han hecho sublimando el origen animal de la humanidad, asegurando así el lugar único que tiene la humanidad en el cosmos.

Así surge un sentimiento trágico de ser humano puesto que estos especímenes superiores son despedazados por el sufrimiento y la crueldad que generan las fuerzas conflictivas del cosmos: "[El filósofo ideal] destruye su felicidad terrenal mediante el coraje; debe ser hostil aun con los seres humanos que ama y con las instituciones de las que ha emergido; no puede perdonar a nadie ni a nada, aunque él mismo sufra al herirlos" (Kaufmann, p. 211). La voluntad cósmica hacia el poder usa indiscriminadamente los impulsos Dionisíacos y Apolíneos para alcanzar sus objetivos.

El perfil postmodernista de este segundo ciclo arranca del escepticismo nihilista en cuanto a la efectividad de las narrativas maestras de redención científica de la humanidad administradas por instituciones políticas y el Estado. En el contexto chileno, este postmodernismo se relaciona directamente con el cuestionamiento de las razones del colapso de la Unidad Popular en 1973. La principal se atribuyó al control por las burocracias de los partidos de toda preocupación política y de las iniciativas procedentes de la base social. Implícito en la crítica de este doctrinarismo estaba el problema de la dependencia cultural: las narrativas maestras de redención científica que luchaban por hegemonizarse eran todas importadas, no habían surgido de necesidades estrictamente nacionales, lo cual explicaba la inflexibilidad con que se las había aplicado. Además, este doctrinarismo impedía un consenso de las directivas partidistas en cuanto a la forma de conducir la oposición antimilitar. Esto había prolongado la dictadura y había causado costos innecesarios en vidas humanas. Los intelectuales que iniciaron esta crítica finalmente constituyeron lo que se llamó "socialismo renovado". Propusieron una nueva modalidad de transacción política que quitara énfasis al Estado y a los partidos políticos como única expresión legítima de la colectividad. Intentaban retornar la iniciativa política a la Sociedad Civil entendida como conglomerado de comunidades en busca de una expresividad propia y directa.

El doctrinarismo partidista fue reemplazado por objetivos políticos "prácticos", "realistas", "pragmáticos" negociados con "flexibilidad". Se descalificaron problemáticas esenciales del leninismo: el rol directivo de los partidos de vanguardia en la revolución, la conquista militar del poder político, la dictadura del proletariado, la liquidación de la propiedad privada monopólica de los medios de producción, la planificación estatal centralizada de la economía. Luego de que los militares abrieron el proceso político para la redemocratización dentro del marco de la Constitución que impusieran en 1980, uno de los resultados fue la creación del Partido por la Democracia (PPD), partido "desechable" usado para cubrir la actividad de los socialistas "renovados" y otros progresistas. Marco Antonio de la Parra adhirió al PPD. El PPD adhirió a la Concertación de Partidos por la Democracia y entró al poder en 1991 luego de las elecciones presidenciales de 1990 que ganó el demócratacristiano Patricio

Aylwin. Los socialistas "renovados" participaron en la Concertación en alianza con los demócratacristianos para hacer más expedito el retorno a la democracia y para formar un bloque de poder que estabilizara la política chilena a largo plazo.

En este contexto político, al adoptar a Nietzsche Marco Antonio de la Parra no abandonó su freudianismo original. Más bien lo combinó. Por lo tanto, ahora nos encontramos con dos series conceptuales más complejas: el destino humano y la naturaleza del cosmos se reflejan mutuamente como una tensión nunca resuelta entre Eros = Principio de Placer = Principio Dionisíaco + Principio Apolíneo = Principio de Realidad = Thanatos. La tensión entre ambas series es presidida por la imagen ilusoria del Padre Primordial como figura de la que provienen tanto el sufrimiento como el desafío del que surge toda creación. La presencia simultánea de todos estos términos energiza la voluntad de poder como impulso hacia la manifestación de todo el potencial inherente en el ser humano. Tanto a escala cósmica como a escala humana la voluntad de poder es un impulso eterno pero incapaz de equilibrar estos términos como forma de creatividad en la historia, especialmente en lo que respecta a lo artístico. La capacidad creadora de los seres humanos no puede localizarse exclusivamente en ninguna de las dos series sino en medio de los sufrimientos causados por la guerra caótica de todos estos principios. Los seres humanos son castigados y condenados por oscilar entre los dos extremos. La capacidad de creación de los seres humanos está marcada por la tragedia y refleja la naturaleza nihilista del cosmos en la que la destrucción y la creación son términos equivalentes. Esta equivalencia provoca un nihilismo aún más profundo: el imposible deseo de escapar del dolor de los ciclos repetitivos de la historia y de la creación cultural, negando todos los utensilios conceptuales y materiales que las han hecho posible. Por tanto, el aburrimiento, la traición y la certidumbre de participar en una broma cósmica, junto con el deseo de liberarse de todo esto se convierten en el principal impulso dialéctico de toda creación artística y cultural. Este conflicto es central en el segundo ciclo de la producción de De la Parra, en el que mezcla los códigos de la tragedia, la sátira y la parodia.

Clara evidencia de esta concepción es el drama *La secreta obscenidad de cada día* (1984). La obra gira en torno a dos creadores de los discursos más importantes de la modernidad, Sigmund Freud, descubridor del inconsciente como campo de investigación científica; Karl Marx, descubridor de los principios científicos de la dinámica de la historia. Se los revela en un momento de oscilación dionisíaca: realmente son pervertidos sexuales. Cubriendo su desnudez con impermeables, como "caricaturas" de exhibicionistas al parecer esperan para mostrar su pene a muchachas de una escuela secundaria, al término de una ceremonia de inauguración del año escolar. Disputan sobre el mayor "calibre" de su "arma" y por la exclusividad del lugar que ocupan frente a la escuela. El lector gradualmente descubre que esta fachada realmente oculta a torturadores que han trabajado para la dictadura militar. Hacia el final de la obra sabemos que realmente son terroristas que esperaban para disparar sobre los dignatarios gubernamentales que asistían a la inauguración.

Aunque se la disfraza con la risa que provoca lo satírico, la obra propone que no hay mayor diferencia entre Freud, Marx y los fascistas. Esto concuerda con la concepción psicoanalítica de la cultura que De la Parra ha mostrado hasta ahora: como instancias de administración de la cultura, todo discurso es inherentemente represivo. Sin embargo, aquí nos encontramos con una nueva complicación: ahora el racionalismo aparece como máscara de Eros. Se ha reemplazado la confianza en la afirmación instintiva de la vida por la sospecha de toda conceptualización de la cultura. La dimensión nihilista de esta proposición no sólo se puede calibrar por el hecho de que, al atacar a Freud, De la Parra se vuelve contra los principios de su propia literatura. También se debe considerar que, hacia 1984, año del primer montaje de la obra, la oposición antimilitar —la Cultura de la Vida— asumía proporciones masivas y que el Frente Patriótico Manuel Rodríguez, guerrilla del Partido Comunista, ya había cumplido un año de operaciones. Sin embargo, a pesar de todo esto, se exhibía esta obra que mostraba al marxismo —filosofía por la que morirían cientos de personas en los años siguientes— sin mayores diferencias con la dictadura militar.

Lo que *La secreta obscenidad de cada día* propone a nivel macropolítico, *Infieles* (1988) lo reitera en lo íntimo y lo privado. Felipe, militante de Izquierda durante el gobierno de Allende, casado con Daniela, ha sobrevivido y aun prosperado durante la dictadura trabajando para una empresa de publicidad comercial. No obstante, siente que el talento poético que había demostrado durante la Unidad Popular era sofocado por las obligaciones de pago de la hipoteca, de las mensualidades del auto y por la responsabilidad de jefe de familia. Lo obsesionan sueños de alcanzar gran popularidad artística. Felipe tiene un encuentro casual con Andrea, antigua amante con largos años de exilio. Entusiasmado por la posibilidad de recuperar la creatividad y la pasión, Felipe convence a Andrea de que abandone a Carlos, su marido, comerciante internacional de gran éxito. Sin embargo, la ilusión no dura mucho porque Andrea también desea tener una familia. Al confrontar las mismas responsabilidades que deseaba abandonar con Daniela, Felipe traiciona a Andrea y vuelve con Daniela.

Felipe encarna el Principio de Placer en rebelión contra el Principio de Realidad (Felipe es uno de los nombres del pene en el español chileno). Puede sobrevivir a un alto costo moral, el de traicionar sus ideales políticos sirviendo a la economía neoliberal, el de traicionar a su esposa y a su amante y el daño que causa a Carlos.

No obstante, el drama *King Kong Palace* y la novela *La secreta guerra santa de Santiago de Chile* son las obras más representativas del nihilismo que denuncia la cultura y la historia como bromas cósmicas.

Parodiando un lenguaje shakespeariano, *King Kong Palace* (1990) explora el núcleo trágico de la neurosis cultural de la humanidad en su forma más aguda —revelando la esencia del "clásico" dilema liberal entre civilización (el Principio de Realidad Apolíneo) y barbarie (el Principio de Placer Dionisíaco) en una situación de dependencia. Tarzán, el mundialmente famoso personaje de tira cómica, ha sido seducido por Jane, inglesa aristocrática y civilizada. Sometiéndose a las presiones de su amante, Tarzán abandona los usos y costumbres de los gorilas, aprende el uso del lenguaje y adopta un racismo antiafricano como preludio a la importación de cultura capitalista avanzada a Africa. Su conducta generaliza actos de rebelión. A pesar de todo, Tarzán logra construir un moderno Imperio echando mano de una represión masiva y cometiendo graves violaciones de Derechos Humanos. Su gorilidad "natural" se transmuta en gorilidad "desnaturalizada". Su nueva gorilidad lo acerca a los dictadores latinoamericanos que encarnan al Patriarca, al Padre, al Gran Macho. Sin embargo, Jane es la verdadera beneficiada. El nuevo orden social de su Macho despiadado le facilita la promiscuidad sexual y le asegura la satisfacción de su extravagante apetito por lujos occidentales. Los excesos del régimen son justificados en nombre del progreso y el mejor estandard de vida que han logrado los negros. Finalmente éstos arman una insurrección general. Boy, hijo de Jane y Tarzán, heredero al trono, sufre la confusión de un conflicto edípico, se une a los rebeldes y es asesinado en la revuelta. Por último, Tarzán, anciano ya decrépito, es destronado y a duras penas llega con Jane al hotel King Kong Palace, casa de seguridad administrada por un consorcio de conglomerados transnacionales para refugiar a sus dictadores. El hotel también es un matadero para deshacerse de ellos. A pesar de las grandes derrotas, Jane no quiere encarar su realidad y añora el poder que tuviera. Por tanto, no es sorda a los avances de Mandrake, el mago empleado a la vez como relacionador público para proyectar la ilusión de poder omnímodo de los conglomerados y como asesino de los dictadores cesantes. Mandrake también está en decadencia y Jane podría ser su oportunidad para recuperar el prestigio perdido con sus empleadores. Antes de ser ejecutado por Jane y Mandrake, Tarzán vaga por los corredores del hotel como alma en pena, a la busca del fantasma de Boy, atormentado por la culpa y la nostalgia por su gorilidad natural, irremediablemente perdida.

La secreta guerra santa de Santiago de Chile (1989) trata el tema de la cultura como broma cósmica de manera más liviana, satirizando las satisfacciones instintivas neurotizadas por el catolicismo. El protagonista es Tito Livio

Triviño, escritor de material para una empresa de publicidad, separado de su esposa e hijos, totalmente convencido de que el éxito personal se mide por un consumismo grosero y por el número de amantes. Súbitamente se siente vigilado por agentes de la policía secreta del régimen militar. A medida que transcurre la acción, Tito comprende que las acciones militares contra los partidos políticos clandestinos son superficiales en comparación con el conflicto incesante, eterno y cósmico que se libra a nivel subterráneo en la ciudad de Santiago: la guerra entre Bien y Mal, la raíz edípica de toda civilización, una de las tantas máscaras de la voluntad cósmica de poder. El Mal se encarna en tecnócratas apolíneos, racionalistas que se han rebelado contra Dios Nuestro Señor en la expectativa de adquirir un poder similar al de El para la administración científica del Universo y el Principio de Realidad-Thanatos. Estos demonios toman aspecto de potentados elegantes y exitosos de la publicidad comercial, siempre rodeados de "gente linda". Controlan el mundo de la moda y de la ilusiones cosméticas. El Bien es la Fuerza Vital Dionisíaca, el Principio de Placer representado por un Dios "rasca" (= de aspecto poco impresionante, venido a menos) que voluntariamente ha abandonado su Omnipotencia para poner a prueba el libre albedrío y la responsabilidad ética de los seres humanos. Habita en un mundo de restaurantes, pensiones y clubes nocturnos baratos, rodeado por arcángeles mal vestidos, maltraídos y de aspecto sucio y también por intelectuales geniales que se especializan en la redundancia de inventar lo ya inventado.

La "gente linda" está a punto de inclinar a su favor el balance de las fuerzas cósmicas adquiriendo la última letra del Tetragramaton. Esto los capacitaría para crear vida de la materia inerte. Alberto, el padre que Tito Livio apenas conociera, resulta ser el último guardián de la última letra y quiere transmitirle el secreto para que lo proteja. Con grandes reticencias y ambivalencia, por lealtad a su padre Tito Livio se siente obligado a abandonar su estilo de vida para asumir la misión de su padre —una sumisión más al arquetipo del Padre. Sin embargo, Alberto es asesinado antes de comunicar su secreto y su hijo se ve envuelto en una misión cuyo objetivo nadie comprende. La ubicación de la letra es revelada a Tito luego de comer ritualmente parte de cuerpo del Padre Primordial horneado como pan por seguidores de la fuerzas del Bien en un lugar secreto. Finalmente derrota a los monstruos malignos en una confrontación épica. Tito Livio se siente totalmente indignado cuando los arcángeles, al final de la aventura, insisten en hacer del todo claro que lo sucedido no había sido sino una exitosa maniobra diversionaria, sin la menor importancia, en el contexto de la lucha eterna contra las fuerzas del Mal. Harto de las locuras barrocas en las que se había involucrado, deseoso de instalarse en una sanidad fundamental, Tito Livio va al restaurant de un mercado popular y tiene la intensa experiencia de satori —la iluminación súbita de que habla la tradición budista zen— mientras toma una sopa de mariscos acompañada de vino blanco.

La renuncia a Marx y a Freud en *La secreta obscenidad de cada día* tiene gran afinidad con el estilo político de los socialistas "renovados" y la Concertación de Partidos por la Democracia. Pero aun así, las simpatías políticas de De la Parra explican una reiteración más del tema del asesinato del Padre Primordial en el drama *El Padre Muerto* (1992). Siguiendo a Nietzsche, esta obra absolutiza la necesidad de renunciar a la historia. Aquí no sólo se expresa el deseo de escapar a todo compromiso y responsabilidad histórica de la Izquierda sino también el de disolver la historia de la Izquierda.

El asunto de *El Padre Muerto* "parece" tratar de las tribulaciones "reales" de Roberto Belmas, joven pintor chileno, megalomaníaco y "genial", que reside en Madrid. Roberto tiene grandes dificultades para cumplir con la cuota de cuadros que le exige Saúl, el dueño de la galería que mercadea su obra. Tanto como Felipe en *Infieles,* en parte Roberto atribuye el bloqueamiento de su capacidad creadora a tener que "prostituir" su talento en una agencia de publicidad comercial. En otro paralelo con Daniela y Felipe en *Infieles,* Roberto siente que su libertad es restringida por Sonia, su amante que lo reprocha constantemente por no ser capaz de mantener un empleo. Juan, homosexual que seduce a Roberto, lo provee de drogas y escucha sus tribulaciones, encarna el Principio de Placer en que Roberto se refugia.

Sin embargo, una explicación más profunda de los problemas de Roberto "parece" ser su sensación de haber sido traicionado por el Padre que lo abandonó cuando niño para seguir su carrera como revolucionario comunista.

El drama comienza con dos sucesos del todo confusos: vestido de mujer, Roberto asesina a "un" Padre y luego recibe la noticia de que su madre ha muerto en Chile y que su Padre viaja para reunirse con Roberto en Madrid. ¿A quién mató Roberto realmente? Los sucesos posteriores son aún más confusos y destruyen toda noción de identidad temporal, espacial e individual. El Padre "muerto" aparece más tarde para lamentar el abandono de Roberto y para encomiar su pintura, la cual no es nada más que una colección de telas vacías. Roberto se suicida lanzándose por una ventana para luego aparecer diciendo que había ido de compras en preparación de la visita del Padre. Luego Juan mata a Roberto con una sobredosis de droga. El Padre reaparece para lamentar la nueva muerte de Roberto y condenar su relación con Juan, revelando, además, que su heroico pasado político era nada más que una fábula. Roberto reaparece para una violenta escena de celos con Sonia. Roberto y el Padre se reúnen para perdonarse mutuamente, pero luego el Padre mata a Roberto mientras éste espera ser operado en un hospital. ¿Qué tenemos aquí?, ¿pesadillas de Roberto o episodios psicóticos? Obviamente que De la Parra sigue una progresión ideológica ya bien demarcada y que el Padre es la figura fantasmagórica del Padre Primordial. Como arquetipo de la historia humana el Padre no necesita encarnarse en ningún individuo específico. El es cualquier ser humano y a la vez ninguno y genera todo el sufrimiento, el odio, el amor, el desafío y los incentivos que conforman su destino. En este sentido, *El Padre Muerto* es una alegoría extrema de los esfuerzos humanos por expresar una capacidad creativa a pesar y a través de la historia filogenética de la especie y la experiencia ontogenética individual. A la vez la obra intenta una revuelta nietzscheana contra estos términos conflictivos al desechar y destruir todo nexo con lo histórico y el Principio de Realidad. En última instancia, el fantasma del Padre Primordial tiene más vida que los seres humanos reales.

Tanto en lo formal como en lo temático *El Padre Muerto* agota la capacidad de De la Parra para una crítica de la cultura basada en la metáfora del Padre Primordial. No obstante, el callejón sin salida que representa esta obra debe leerse conjuntamente con el esfuerzo por liberarse de la trampa filogenética presentada en *La secreta guerra santa de Santiago de Chile*. De la Parra descarta los fundamentos neuróticos del cristianismo y del catolicismo, pero se mantiene dentro de un respeto por la religiosidad. Por ello es que explora la sanidad no-teísta del budismo. Esta exploración hace que que *Dostoievski va a la playa* (1990) sea una novela de encrucijada en la carrera de Marco Antonio de la Parra.

Iluminación y la disciplina del bodhisattva

La presencia del budismo en la obra de Marco Antonio de la Parra se hace clara en *La secreta guerra santa de Santiago de Chile*. Sin embargo, a través de todo el segundo ciclo son evidentes las oscilaciones y desbalances provocados por las dualidades pasión-deseo, agresión-apropiación, ignorancia-egocentrismo, los tres "fuegos" descritos por el budismo como origen del dolor y del sufrimiento. Al final de la novela Tito Livio tiene la experiencia de satori, la iluminación súbita que desestabiliza un modo de ser basado en la estructura psíquica racional y dualista del ego. Satori es descrito como una experiencia tan radical como para provocar un sentimiento permanente de serenidad, paz y desprendimiento de todo deseo. Este reequilibrio arranca de un profundo entendimiento de la unidad fundamental de los fenómenos.

Debe tenerse en mente que, hasta este momento, la tendencia budista de Marco Antonio de la Parra no tiene un perfil bien delineado. Aunque el autor tiene pocas simpatías por el cristianismo, la mayor parte de su obra se mantiene dentro de una religiosidad neurótica. Sin embargo, todos los indicios de una influencia budista están presentes. Parecen proceder de necesidades diversas —la lógica con que De la Parra plantea el imperativo de que la especie humana se libere de la trampa de su historia filogenética en un momento catastrófico de la historia chilena; su radical negación de la validez de los discursos de redención científica de la humanidad hace que la intuición artística se convierta en el "espacio cero" para cualquier crítica cultural. También deben señalarse sus antiguas lecturas de budismo zen, junto con la influencia evidente de Jorge Luis Borges y Julio Cortázar en su obra. Se sabe que estos dos autores exploraron seriamente el budismo, a pesar de que la crítica literaria no ha estudiado esta relación. Por tanto, lo que sigue intenta clarificar el sentido con que De la Parra hace su propia exploración budista.

El budismo es congruente con el ataque de De la Parra contra la serie ego = Principio de Realidad = Thanatos = Modernidad = neoliberalismo. En el budismo se intenta alcanzar el estado de satori. En términos psicoanalíticos satori es la culminación de una disciplina religiosa no-teísta orientada a debilitar la ignorancia y el sufrimiento causado por la consolidación del ego y del superego. El estado de ignorancia es el de no ser consciente del basamento de la realidad —es decir, una cualidad dinámica, espaciosa, libre, abierta. Tal conciencia permitiría al ser lograr una sabiduría primordial y entregarse sin reservas a la energía de lo que es y de lo que ocurre, con la intuición de que ser y actuar como parte de lo que es y de lo que ocurre es una convergencia de fuerzas con un sentido totalizador que no permite la manipulación posesiva, conceptual, voluntariosa.

El surgimiento del ego[9] está marcado por el pánico abrumador causado por la experiencia de tal flujo de energía. Al tratar de protegerse, el ser reacciona simultáneamente solidificando sus basamentos y tratando de escapar de ellos. De aquí surge la dualidad posesiva "yo" y "otro" —el Principio de Realidad psicoanalítico— y sus cinco tendencias (Skandhas), que la mente racional sólo puede narrar en secuencia. La primera es la conciencia de ser / estar separado de la totalidad como un estado natural de "siempre ha sido así" ("..como si un grano de arena estirara el cuello y comenzara a observar su entorno. Somos ese grano de arena, que llega a creer su ser / estar separado"[10]). Esto lleva a una conciencia del "yo" como entidad aparte de la totalidad, que observa al "otro" como si fuera un ente externo y quisiera formalizar esta relación. Esta es la Skandha de la Forma-Ignorancia. En el intento de imponer forma a la separación surge el mecanismo de defensa de las emociones como cuidadosa exploración de los componentes desagregados de la unidad perdida, componentes que ahora parecen ser entes amenazadores. Esta es la Skandha de las Emociones. En el transcurso de esta exploración el ego se fascina con su propia creación de formas estáticas, colores y tendencias y desea coordinarla con el fundamento del ser ya solidificado. Para ello forma un sistema de reacciones automáticas, intuitivas. Así surgen dualidades referenciales tales como seducción-deseo, aversión-odio, neutralidad-estupidez que constituyen el "yo-mismo" con sus idiosincracias individuales. Esta es la Skandha de Percepción-Impulso. El ego continúa construyendo protecciones mediante otras categorizaciones, especulaciones e interpretaciones de los fenómenos congelados. Haciendo un juego de mala fe en que estas proyecciones reemplazan al fundamento del ser, el ego borra toda huella y evidencia de que ellas han sido amañadas y toman aspecto de "ser" realmente, por sí mismas. Esta es la Skandha del Concepto. El efecto combinado de todas estas tendencias es el prurito incontrolable de producir esquemas intelectualizantes y discursivos para manipular la realidad en favor de intereses especiales. En términos marxistas, esto equivaldría al fenómeno de la ideología.

En cierto modo el budismo coincide con un aspecto de la perspectiva postmodernista: toda doctrina totalizadora y toda narrativa maestra de redención científica de la humanidad es consecuencia del proceso solidificador de la consolidación del ego-superego. Estas doctrinas estereotipifican los fundamentos del ser en términos dualistas y conflictivos y así se pone en movimiento la Rueda repetitiva de la guerra y del sufrimiento. Las escrituras budistas ilustran los efectos de la consolidación del ego con una metáfora que enriquece el significado de los homínidos primordiales de Freud, de los chimpancés de Nietzsche y del exilio de Tarzán en el King Kong Palace:

Un mono fue encerrado en una casa vacía de cinco ven-

tanas que representan los cinco sentidos. El mono es curioso y mete la cabeza por todas las ventanas y salta por todas partes, salta por todas partes, sin descanso. Es un mono cautivo en una casa vacía.

Es una casa sólida, diferente a la jungla donde saltaba y se columpiaba, diferente a los árboles en que podía escuchar el viento y el movimiento de los árboles y las ramas. Todo esto ahora se ha solidificado completamente. De hecho la misma jungla se ha convertido en su casa sólida, en su prisión. En vez de montarse en un árbol, este mono curioso ha quedado encerrado en las cuatro paredes de un mundo sólido, como si algo que fluyera, una cascada impresionante y hermosa se hubiera congelado súbitamente. Esta casa congelada hecha de colores y energías congelados está completamente quieta. Este parece ser el instante en que el tiempo comienza a ser pasado, futuro y presente. El flujo de las cosas se convierte en tiempo sólido, tangible, una idea sólida del tiempo.[11]

A medida que el mono explora su prisión, se empantana cada vez más en el conflicto entre la fascinación con su constructo mental —que prolonga su encierro— y su deseo de escapar. "Se comienza a intranquilizar, siente que hay algo que se repite y aburre, y el mono comienza a neurotizarse"[12]. Tan igual como Roberto Belmas en *El Padre Muerto*, el mono comienza a alucinar y se vuelve completamente loco: "Cuando hablamos de 'alucinación' o 'sueño' significa que atribuimos valor a cosas y sucesos que no lo tienen necesariamente. Afirmamos nuestra opinión sobre el modo como las cosas son o debieran ser. Esto se llama proyección: proyectamos allá fuera nuestra versión de las cosas. Quedamos completamente inmersos en un mundo de espejismos que nosotros mismos creamos, un mundo de opiniones y valores conflictivos. La alucinación, en este sentido, es una mala interpretación de las cosas y los sucesos, es leer significados que el mundo fenoménico no tiene"[13]. Si no fuera por las consecuencias trágicas de la guerra entre las utopías doctrinarias, desde la perspectiva budista sus constructos épicos y los órdenes sociales resultantes no pueden ser sino "bromas cósmicas" que debemos desmontar para detener los ciclos de dolor y sufrimiento. Como sugiriera anteriormente, para De la Parra tal desconstrucción requiere combinar los códigos de la tragedia, la sátira y la parodia.

Para el budismo, desconstruir la Rueda del sufrimiento requiere la disciplina de la meditación que lleva a satori y a la integración de los efectos de la meditación en las prácticas de la vida cotidiana. Esta integración se evidencia en una postura ética consciente que surge espontáneamente de la práctica de la meditación, sin mayores esfuerzos. Sentadas en el acto de meditar, las personas enfocan la atención en la respiración y contemplan el desorden caótico de su pensamiento con una actitud no enjuiciatoria, sin propósito, distanciada. Con la práctica constante, el silenciamiento gradual de la mente en algún momento provoca satori, es decir, ver más allá de la ignorancia del ego, de sus conflictos dualistas, retornando a la unidad del fundamento original del ser. Los maestros budistas señalan la necesidad de buen humor para la práctica de la meditación: la persona debe reconocer que es un estúpido ignorante, sentado allí "sin hacer nada", concentrada en la monotonía de sus inspiraciones y expiraciones, "sin que nada pase", en un aburrimiento absoluto. Sin embargo, este aburrimiento gradualmente induce un estado de simplicidad mental que perfora las alucinaciones grandiosas y las obsesiones posesivas del ego y del superego. Este es el preludio a la Iluminación. En la vida cotidiana tal simpliciadad resulta en la capacidad de enfrentar las relaciones y los sucesos con una actitud más serena, calma, "aburridora", con una conciencia más penetrante de las causas y los efectos kármicos (= del karma) de la acción humana, evitando los sufrimientos innecesarios. El aburrimiento, una de las características de la desesperanza, es "dada vuelta" en su significado y convertida en una fuerza positiva para la humanidad.

Acercándonos ya a *Dostoievski va a la playa,* debe tenerse en cuenta que una de las encarnaciones budistas del ideal de ser humano "aburridor" es el bodhisattva. Se trata de una persona que busca alcanzar el estado de buda mediante la práctica sistemática de las virtudes (paramitas) de generosidad, disciplina, paciencia, energía, meditación y sabiduría. Pero a la vez está dispuesta a renunciar a su propia Iluminación hasta que todos los seres hayan alcanzado la suya. Un bodhisattva da ayuda y servicio a todo ser de manera abierta, sin reservas, incondicional, sin enjuiciar, en todo momento, en todo lugar, sin importar las condiciones y circunstancias, con calma, combinando intuitivamente el flujo y la lógica de los sucesos, llegando al extremo de abandonar en beneficio de otros su propio mérito kármico: "El bodhisattva se presenta figurativamente como un cuerpo que yace. Que la gente lo mire y lo examine. Está a su disposición"[14].

Nietzsche admiraba a los santos y, por extensión, a los bodhisattvas. La novela de De la Parra insiste en esto. Su protagonista es Fyodor Dostoievski, descendiente del escritor ruso. Ha vivido en Chile más tiempo del que puede recordar. Se gana la vida como investigador privado, dedicándose a casos mayormente iniciados por las paranoias y deseos mezquinos que la gente proyecta sobre su entorno. A sus clientes Dostoievski les sirve de espejo de las alucinaciones que quieren ocultar de sí mismos. El carácter de Dostoievski se asemeja al del bodhisattva. Es una persona humilde, no violenta, de actitud calma, distante, no posesivo, que comparte lo poco que tiene con los que lo necesitan, aunque no se lo pidan. Ha elegido ser pobre a pesar de que en el Chile gobernado por los militares habría podido hacer buen dinero como guardaespalda o miembro de la banda de algún potentado de conglomerado transnacional interesado en invertir en un país de notoria violencia. Los amigos de Dostoievski se refieren a él como "extraño", "santo". Tiene la profunda intuición de que su vida presente está orientada por una misión que ha estado buscando completar a través de muchas vidas. Recuerda retazos de esto en sueños que tiene de una vida pasada en la Rusia del siglo XIX y relacionados con la novela *Crimen y castigo*. Una vez que la narración lo involucra en esa misión, Dostoievski se las arregla para tener la energía y la dedicación de seguirla, a pesar de que generalmente se siente letárgico por los tranquilizantes que le han prescrito para la epilepsia. Los maestros del budismo hablan de la similitud de algunos efectos de la epilepsia con el satori[15].

Stavros es un magnate transnacional que se ha instalado en Chile y ha comprado las playas del área de Valparaíso. Su llegada coincide con una serie de muertes no resueltas de viejos vagabundos que se ha detectado en una playa. Aunque los medios de comunicación controlados por Stavros han publicado información distorsionada, la policía se ha preocupado de encubrir los hechos. Dostoievski se involucra en el caso por petición de Cecilia, secretaria del doctor que lo trata, cuyo padre, vagabundo del que se ha distanciado, desaparece. Más tarde, pagada magníficamente por Stavros, Cecilia pide a Dostoievski que abandone el caso. Sin embargo, motivado por los sueños, Dostoievski trabaja sin descanso. Ayudado por el doctor examina los cadáveres de los viejos en la morgue. Algunos habían sido víctimas de mutilaciones sexuales, violaciones, vampirismo mientras que en otros los tejidos del cuerpo mostraban una extraña capacidad de regenerarse. Mientras Dostoievski se dispone a denunciar a Stavros como asesino y se prepara para enfrentarlo, la prensa del magnate publica noticias para deflectar la culpa hacia un subordinado. A la vez la policía arresta a Dostoievski con el cargo de haber asesinado a su doctor y a la amante de este, Natasha. Más tarde se lo libera por falta de evidencia. Pero a pesar de todo, y a pesar de su edad, Dostoievski va a la playa para atraer y enfrentar a Stavros y quizás matarlo.

Aspectos formales del modo narrativo también apoyan la noción de que en Dostoievski tenemos un héroe budista "aburridor". La omnisciencia en *La secreta guerra santa de Santiago de Chile* se enfoca en la conciencia de Tito Livio para dar cuenta de la extraordinaria cantidad de "ruido" y "cháchara" de una mente confusa y desequilibrada mientras se mueve en un laberinto barroco, derrochando esfuerzo excesivo y actuando con desmesura. Por el contrario, con un estilo narrativo cinemático y parco, *Dostoievski va a la playa* revela la conciencia de Fyodor como personaje obviamente guiado por una intuición directa, trascendental de la verdad, intuición que no necesita mostrar su lógica y que permite una acción de extrema economía de esfuerzo. En realidad es poco "lo que pasa" en la narración. A la vez, el espacio toma intenso significado simbólico. La playa es, sin duda, el más importante. En la historia latinoamericana las playas han sido los lugares reales o figurativos por los que el invasor ha llegado para inyectar la violencia militar que ha alterado y distorsionado su historia. Dostoievski es un grano budista de arena que retorna al fundamento del ser en la playa, la totalidad de la arena, para cumplir con su dharma —las "deudas" acumuladas a través de muchas vidas y que deben pagarse— combatiendo contra los ciclos del mal y de la perversión que viene de "fuera".

Cuestión de radicalismo

Explorar la obra de Marco Antonio de la Parra según la noción de "psicoanálisis de la cultura chilena" como constructo metafórico es un intento de situarlo en el horizonte intelectual de los sucesos catastróficos con que se impuso el neoliberalismo en Latinoamérica. Del mismo modo, hace décadas la notoriedad de Borges, Cortázar, García Márquez, Fuentes, Rulfo, Vargas Llosa y Donoso quedaron asociados con el cataclismo continental que fue la Revolución Cubana. En comparación, el proyecto literario de De la Parra es aún más radical. Los escritores del "boom" condenaron la historia latinoamericana por ser una especie de mito pervertido que generaba la repetición ritual de los ciclos de dependencia. A través de los siglos, el desarrollo histórico de Latinoamérica ha repetido estructuras de acción invariables, aunque fueran inducidos por diferentes metrópolis y agencias —España, Portugal, Inglaterra, los Estados Unidos, los conglomerados transnacionales. Según lo demostraba Cuba, el escenario político internacional de la década de 1960 —época del "boom" novelístico latinoamericano— permitía que la imaginación avizorara una salida épico-revolucionaria para superar la historia de un capitalismo supuestamente ya exhausto. El contexto de la época permitía establecer una relación dialéctica entre ficción surrealista e historia en que la literatura parecía augurar prodigiosas aventuras de transformación social. Pequeños grupos de guerrilleros se convirtieron en superhéroes surrealistas capaces de realizar los sueños más utópicos, a pesar del buen equipamiento de las fuerzas militares del imperio.

Por el contrario, las consecuencias de sucesos como el golpe militar del 11 de septiembre de 1973, antecedido o seguido en Brasil, Uruguay, Argentina, Bolivia, puso a la generación de De la Parra en el extremo opuesto de los escritores del "boom". En la mente de muchos intelectuales, la efervescencia de las movilizaciones políticas de los años '60 y comienzos de los '70, gatilladas por un "guerrillerismo" mítico, en los hechos resultó ser nada más que gas caliente que infla, pero que no tiene sustancia sólida, tan igual como el Padre de Roberto Belmas. Los informes de chilenos exiliados en el bloque soviético alertaron de las condiciones de vida verdaderas en los "socialismos reales". Comenzó a cuestionarse y dudarse que ellos fueran la utopía social deseable para Latinoamérica. Finalmente, el fulminante colapso del bloque soviético desenmascaró su ineficiencia real y sus débiles bases de sustentación popular. La desesperanza quedó exacerbada por el triunfo mundial sin contrapesos del "salvajismo" neoliberal. En esta encrucijada la obra de Marco Antonio de la Parra aparece afilando aún más la crítica social. En ello conjuga dos impulsos simultáneos. En lo pesimista, en el continuo de la literatura latinoamericana contemporánea su obra desbarata la visión de mundo épica y optimista de sus maestros del "boom". De la Parra no acepta la problemática de desmontar la historia "inauténtica" de la dependencia latinoamericana. Prefiere poner al desnudo las raíces mismas de la civilización que crearan esos monos, chimpancés, homínidos alucinantes, neuróticos enajenados. Por tanto, busca desprestigiar la capacidad de agencia histórica de la especie humana. No obstante, a la vez que propone esta tarea nihilista, De la Parra todavía quiere conservar un "espacio cero" en alguna parte y así mantener algún optimismo, alguna dignidad humana en medio de fuerzas cósmicas que afirman ciegamente su poder, sean éstas el Principio de Realidad y de Placer freudianos, la voluntad de poder nietzscheana o el retorno budista a los fundamentos originales del ser. Caprichosamente, De la Parra quiere todo a la vez, lo bueno y lo malo, lo positivo y lo negativo. Esto corresponde con su máscara de artista adolescente.

NOTAS

1 *Carta abierta a Pinochet. Monólogo de la clase media con su Padre* (Santiago de Chile: Editorial Planeta Chilena S.A., 1998).

2 Revista Punto Final N° 421

3 *La mala memoria. Historia personal de Chile contemporáneo* (Santiago de Chile: Editorial Planeta Chilena, 1997).

4 "Obscenamente (In)fiel o una Personal Crónica de mi Prehistoria Dramatúrgica" en Marco Antonio de la Parra, *La secreta obscenidad de cada día. Infieles. Obscenamente (In)fieles* (Santiago de Chile: Editorial Planeta Chilena, S.A., Colección Biblioteca del Sur, 1988).

5 C.R. Badcock, *The Psychoanalysis of Culture* (Oxford: Basil Blackwell Publisher, 1980).

6 Sigmund Freud, *Beyond the Pleasure Principle. The Standard Edition* (New York: W.W. Norton & Company, 1961).

7 Sigmund Freud, "The Uncanny". *The Standard Edition of the Complete Psychological Works of Sigmund Freud,* London 1953-1974, Vol. XVII.

8 Walter Kaufmann, *Nietzsche* (Cleveland: Meridian Books, The World Publishing Company, 1964); Gilles Deleuze, *Nietzsche & Philosophy* (New York: Columbia University Press, 1983).

9 Chögyam Trungpa, *Cutting Through Spiritual Materialism* (Boston: Shambala, 1987); *The Myth of Freedom* (Boston: Shambala, 1988).

10 "The Development of the Ego". *Cutting Through Spiritual Materialism,* p. 125.

11 *Ibid.,* pp. 128-129.

12 *Ibid.,* p. 129.

13 *Ibid.,* p. 131.

14 *Ibid.,* p. 172.

15 Katsuki Sekida, "Pure Cognition and Kensho". *Zen Training. Methods and Philosophy* (New York: Waterhill, 1975).